CAPÍTULO VI (inédito)

Karl Marx

CAPÍTULO VI (inédito)
manuscritos de 1863-1867, *O capital*, Livro I

Inclui a *Enquete operária*

Tradução
Ronaldo Vielmi Fortes

Organização e apresentação
Ricardo Antunes e Murillo van der Laan

© Boitempo, 2022
"Sechstes Kapitel - Resultate des unmittelbaren Productionsprocesses",
MEGA, v. II/4.1 (Berlim, Dietz Verlag, 1988), p. 25-131
"Questionnaire for Workers", MEGA, v. I/25 (Berlim, Dietz Verlag, 1985), p. 199-207
"Marx an Friedrich Adolph Sorge, 5 Nov. 1880", *Werke*, v. 34
(Berlim, Dietz Verlag, 1966), p. 474-8

Direção-geral	Ivana Jinkings
Edição	Pedro Davoglio
Coordenação de produção	Livia Campos
Assistência editorial	João Cândido Maia
Tradução	Ronaldo Vielmi Fortes
Preparação	Carolina Hidalgo Castelani
Revisão	Thaís Nicoleti de Camargo
Capa e diagramação	Antonio Kehl
	sobre ilustração de Loredano

Equipe de apoio Elaine Ramos, Erica Imolene, Frank de Oliveira, Frederico Indiani, Higor Alves, Isabella Meucci, Ivam Oliveira, Kim Doria, Luciana Capelli, Marcos Duarte, Marina Valeriano, Marissol Robles, Maurício Barbosa, Pedro Ravasio, Raí Alves, Thais Rimkus, Tulio Candiotto, Uva Costriuba

---

CIP-BRASIL. CATALOGAÇÃO NA PUBLICAÇÃO
SINDICATO NACIONAL DOS EDITORES DE LIVROS, RJ

M355c
Marx, Karl, 1818-1883
    Capítulo VI (inédito) : manuscritos de 1863-1867, O capital, livro I / Karl Marx ; tradução Ronaldo Vielmi Fortes ; [apresentação: Ricardo Antunes e Murillo van der Laan]. - 1. ed. - São Paulo : Boitempo, 2022.
    176 p. (Marx-Engels ; 31)

    Tradução de: Sechstes kapitel : resultate des unmittelbaren productions processes
    Apêndice
    Inclui índice
    ISBN 978-65-5717-194-3

    1. Economia. 2. Capital (Economia). I. Fortes, Ronaldo Vielmi. II. Antunes, Ricardo. III. Laan, Murillo van der. IV. Título. V. Série.

22-81343   CDD: 330.122
     CDU: 330.85

Gabriela Faray Ferreira Lopes - Bibliotecária - CRB-7/6643

É vedada a reprodução de qualquer
parte deste livro sem a expressa autorização da editora.

1ª edição: dezembro de 2022

BOITEMPO
Jinkings Editores Associados Ltda.
Rua Pereira Leite, 373
05442-000 São Paulo SP
Tel.: (11) 3875-7250 / 3875-7285
editor@boitempoeditorial.com.br
boitempoeditorial.com.br | blogdaboitempo.com.br
facebook.com/boitempo | twitter.com/editoraboitempo
youtube.com/tvboitempo | instagram.com/boitempo

SUMÁRIO

Nota da edição 7

Apresentação 9

Capítulo VI – Resultado do processo de produção imediato 19

[Notas de rodapé separadas] 135

APÊNDICES..139

Karl Marx – Questionário para trabalhadores 141

Marx a Friedrich Adolph Sorge, 5 nov. 1880......................................151

Índice onomástico...157

Cronologia resumida de Marx e Engels 161

NOTA DA EDIÇÃO

Este 31º volume da Coleção Marx-Engels torna disponível para o público leitor a primeira versão brasileira do célebre *Capítulo VI (inédito)* do Livro I de *O capital* traduzida diretamente do alemão, com base no texto estabelecido pela *Marx-Engels Gesamtausgabe* – as obras completas de Marx e Engels. Publicado originalmente em 1933, em edição bilíngue russo e alemão, o manuscrito, que permaneceu inconcluso, foi redigido de 1863 a 1867 – segundo alguns autores, entre 1863 e 1864. Era o tópico 7 de um esboço geral do Livro I – os dois últimos (8 e 9) mais tarde integrariam as *Teorias da mais-valia*, chamadas por muitos de Livro IV de *O capital*, enquanto os seis primeiros teriam sido extraviados. Assim, esse capítulo inédito constitui um documento ímpar, que nos permite o acesso a um momento decisivo da elaboração teórica de Marx.

De estilo muitas vezes lacunar, com presença de frases circulares e alguns trechos fragmentários, o texto contrasta em termos de acabamento com os volumes publicados em vida por Marx, em especial com a prosa certeira do Livro I de *O capital*. Entretanto, por conta disso mesmo, ele nos leva ao laboratório do autor, deixando entrever não só as enormes dificuldades envolvidas na composição de uma obra monumental, mas também os lampejos e conquistas de Marx, e, sobretudo, sua extraordinária capacidade de síntese. Pois se na versão publicada de *O capital* vemos um avanço rigorosamente controlado das categorias mais abstratas às mais concretas, neste *Resultado do processo de produção imediato* percebemos o convívio num mesmo capítulo de conceitos em variados níveis de determinação, posto que em muitos casos é essa própria passagem de níveis que o autor procura esclarecer. Assim composto, o capítulo condensa alguns dos principais momentos da exposição do Livro I e antecipa, tornando inteligíveis, passagens do Livro II.

A cuidadosa tradução de Ronaldo Vielmi Fortes procurou reproduzir o estilo do texto, acatando algumas imperfeições sintáticas e argumentos truncados como propriedades de um manuscrito jamais finalizado pelo autor. Também as notas de rodapé, ora com numeração não sequencial, ora com chamadas por letras, seguem

Karl Marx – Capítulo VI (inédito)

o modo como Marx as dispôs originalmente. Fogem à regra as notas marcadas com asterisco (*), que, acompanhadas de (N. T.), assinalam inclusões realizadas pelo tradutor, e, acompanhadas de (N. A.), indicam anotações presentes na edição alemã. Por fim, os números indicados entre barras verticais (|) dizem respeito à paginação original do caderno no qual Marx compôs o escrito.

Esta edição vem ainda enriquecida por uma apresentação dos organizadores Ricardo Antunes e Murillo van der Laan, que propuseram à Boitempo a inclusão do apêndice "Questionário para trabalhadores", mais conhecido como "Enquete operária". Redigido em inglês em 1880, nos últimos anos da vida de Marx, o conjunto de questões – publicado pela primeira vez em francês – tinha como objetivo não apenas realizar um levantamento das condições de trabalho nas localidades em que seria aplicado, mas também, no processo de preenchimento, despertar nos trabalhadores a consciência a respeito da sua própria condição.

Com este volume a Coleção Marx-Engels torna acessível, em versão cuidadosa e detalhista, dois textos fundamentais do *corpus* marxiano, esperando com isso estimular que novos leitores os descubram e que antigos leitores os recuperem. A Boitempo agradece a todos que colaboraram no processo editorial: a sua equipe, sempre engajada; a Ronaldo Vielmi Fortes pela tradução minuciosa; a Carolina Hidalgo Castelani pela preparação dos originais e a Thais Nicoleti de Camargo pela revisão final, que, cada uma a seu tempo, perceberam detalhes sutis e ofereceram saídas criativas para alguns dos incontáveis desafios enfrentados; a Cassio Loredano pela belíssima ilustração da capa, que já se tornou marca da coleção; a Leda Paulani pelo esclarecedor texto de orelha; e a Antonio Kehl pela diagramação do miolo e composição da capa.

Novembro de 2022

APRESENTAÇÃO

Ricardo Antunes e Murillo van der Laan

Este novo volume, publicado pela Boitempo na coleção Marx-Engels, era um velho desejo, dotado de motivação dúplice. A primeira delas é apresentar ao público leitor brasileiro, estudioso e interessado na obra de Marx, a primeira tradução feita do original alemão do excepcional texto *Resultado do processo de produção imediato*, o qual se tornou conhecido no Brasil como *Capítulo VI (inédito)*. A segunda motivação aparece como apêndice ao texto. Trata-se da publicação do *Questionário para trabalhadores* elaborado por Marx para uma pesquisa operária na França, que se tornou conhecida como *Enquete operária*, em tradução feita, também pela primeira vez, do manuscrito em inglês (cotejada com o francês, língua em que foi publicada originalmente). Acompanhando o volume, incluímos ainda a carta de Marx a Friedrich Adolph Sorge, de 5 de novembro de 1880, em que Marx menciona a *Enquete operária*.

Com esta publicação, a coleção Marx-Engels preenche uma grande lacuna ao possibilitar a leitura dos manuscritos marxianos traduzidos da *Marx-Engels-Gesamtausgabe* (MEGA). Os textos aqui reunidos trazem a marca indelével da obra de Marx. Enquanto o *Capítulo VI* é um momento analítico de peso de sua produção, a *Enquete operária* remete à importância da autoconsciência da classe trabalhadora sobre sua própria condição. Dada a densidade da produção marxiana, ambos os textos têm uma longa, rica, plural e polêmica história de interpretação em todo o mundo. Nesta breve apresentação, gostaríamos de indicar apenas algumas das dimensões históricas do *Capítulo VI* e da *Enquete operária* e destacar o que consideramos os seus principais movimentos analíticos, convidando o leitor a ele próprio dar continuidade a essa história.

O *Capítulo VI* (entre os *Livros I* e *II* de *O capital*)

O *Capítulo VI - Resultado do processo de produção imediato* foi escrito em meados de uma década crucial do desenvolvimento das reflexões marxianas. O período entre 1857 e 1867 foi aquele em que os estudos críticos de Marx sobre a economia política burguesa e sobre a classe trabalhadora tomaram a forma que

Karl Marx – Capítulo VI (inédito)

aparecerá em *O capital*. Nessa década, o processo de redação de sua obra principal passou pelo que é comumente considerado como três esboços diferentes: o primeiro, iniciando com os *Grundrisse*, em 1857-1858, culminará no chamado *Urtext* [Texto original] e na publicação de *Para a crítica da economia política*, em 1859; o segundo refere-se aos manuscritos econômicos de 1861-1863, quando Marx redige partes que comporão, posteriormente, os Livros I e III de *O capital*, e quando faz o enfrentamento teórico que resultará nas *Teorias da mais-valia*; já o terceiro diz respeito aos manuscritos econômicos de 1863-1865. É nesse último período que *O capital* é redigido, pela primeira vez, em três livros, que tratam do processo de produção do capital, de sua circulação e de sua configuração global[1].

O esboço do Livro I, sobre o processo de produção do capital, foi escrito, provavelmente, entre meados de 1863 e meados de 1864. Para os editores da MEGA, a estrutura desse primeiro volume possivelmente diferiria pouco da primeira edição que veio a público, em 1867. Apresentaria, assim, os seguintes capítulos:

1. Transformação do dinheiro em capital;

2. A produção do mais-valor absoluto;

3. A produção do mais-valor relativo;

4. Investigações complementares sobre a produção do mais-valor absoluto e relativo;

5. Processo de acumulação do capital;

6. Resultado do processo de produção imediato.[2]

Dessa possível configuração e do material que a comporia, apenas o *Capítulo VI* foi preservado, junto a algumas folhas avulsas do restante do material[3]. Concebido como um texto que encerraria o Livro I de *O capital* e serviria de "ponte" para o Livro II, o *Capítulo VI* tem, ao mesmo tempo, uma dimensão de conclusão e recapitulação das reflexões do Livro I e de abertura para o Livro II. Ele apresenta, assim, uma síntese de argumentos centrais da reflexão marxiana, em um período decisivo de sua produção intelectual.

O texto permaneceu inacabado, no entanto, e não foi incorporado em nenhuma das edições de *O capital*. Não há indicações conclusivas de por que Marx não finalizou a redação do capítulo e não o incluiu no Livro I. Ernést Mandel, em

---

[1] "Introdução", MEGA, v. II/4.1 (Berlim, Dietz Verlag, 1988), p. 9*. Nos manuscritos econômicos de 1863-1865 consta ainda, além dos escritos para o Livro II e para o Livro III, a palestra para o Conselho Geral da Associação Internacional dos Trabalhadores, que recebeu o título de "Valor, preço e lucro".

[2] "Das Ökonomische Manuskript 1863-1865", Apparat, MEGA, cit., p. 445. O que Marx aqui e na primeira edição de 1867 chama de "capítulo" será nomeado na edição de 1872 como "seção".

[3] "Introdução", MEGA, cit., p. 9*.

Apresentação

meados dos anos 1970, arriscou a hipótese de que o *Capítulo VI* não se encaixaria no modo como Marx concebeu a estrutura de *O capital*, isto é, como um "todo artístico" dialeticamente estruturado[4]. Por sua vez, em 1988, os editores da MEGA argumentaram que possivelmente Marx teria descartado o texto porque as discussões presentes nele já estariam nos demais capítulos do Livro I. Ademais, a teorização da mercadoria como um produto do capital, realizada ali por Marx, demandaria análises que seriam feitas somente no Livro III[5].

De todo modo, a primeira publicação do *Capítulo VI* ocorreu simultaneamente em alemão e russo, em 1933, no volume II (VII) do periódico *Arkhiv Marksa i Engelsa* [*Arquivo de Marx e Engels*] editado pelo Instituto Marx-Engels-Lenin, ligado ao Comitê Central do Partido Comunista da União Soviética. O texto ganhou projeção, no entanto, somente com a publicação de excertos organizados por Maximilien Rubel, em 1967, seguidos da versão integral em edições alemã e italiana (em 1969), francesa (em 1971) e inglesa (em 1976)[6]. No Brasil, o *Capítulo VI* foi publicado (em 1978) pela Livraria Editora Ciências Humanas, em tradução do castelhano para o português, cotejada com a edição alemã[7].

Essa grande difusão editorial, que teve continuidade no século XXI, deve-se à riqueza analítica e sintética do texto. Tamanha é a força do *Capítulo VI*, que aqui destacaremos somente alguns pontos, de modo a convidar os/as leitores/as a mergulharem nas múltiplas e ricas dimensões do manuscrito.

Nele, Marx refere-se à mercadoria de maneira bastante concreta, não somente como um pressuposto para a produção capitalista mas como resultado de seu processo produtivo e, enquanto tal, usualmente como uma parte singular de uma massa de mercadorias similares, que tem sempre como horizonte a geração de mais-valor. Por outro lado, Marx analisa as formas diversas do fetichismo típicas da sociedade do capital, expressão da peculiar divisão social do trabalho mediada pelas coisas, mostrando os reflexos desse fetichismo nas interpretações dos economistas burgueses.

Um dos momentos mais expressivos do *Capítulo VI* está na detalhada elaboração marxiana acerca do que é *trabalho produtivo* e *improdutivo* para o capital. Podemos dizer, sinteticamente, que o *trabalho produtivo* é definido como aquele que tem como atributo central a geração de *mais-valor*. Sua conceituação é categórica: o

---

[4] Ernest Mandel, "Introduction", *Capital: A Critique of Political Economy*, v. 1 (Londres, Penguin Books, 1976), p. 944. "Marx a Engels", 31 de julho de 1865, MEGA, v. III/13 (Berlim, Akademie Verlag, 2002).

[5] "Einführung", MEGA, cit., p. 13-6*. Para uma discussão das hipóteses sobre a não inclusão do *Capítulo VI* no Livro I de *O capital*, ver Patrick Murray, *The Mismeasure of Wealth: Essays on Marx and Social Form* (Londres, Brill Books, 2016), p. 328-36.

[6] Patrick Murray, *The Mismeasure of Wealth*, cit., p. 10.

[7] Karl Marx, *O capital, Livro I: Capítulo VI (inédito)* (São Paulo, Livraria Editora Ciências Humanas, 1978).

Karl Marx – Capítulo VI (inédito)

trabalho produtivo é aquele que valoriza o capital e gera mais-valor. Marx chega, inclusive, a afirmar que o *trabalho produtivo* é aquele que cria *diretamente* mais-valor (formulação repetida em *O capital,* excluindo, entretanto, a palavra *diretamente*).

Marx acrescenta também que o *trabalho produtivo* é aquele pago pelo *capital--dinheiro*, diferenciando-o da *renda*, que é a modalidade de pagamento destinada ao *trabalho improdutivo*, que gera *valor de uso,* mas não *valor de troca*.

Essa rigorosa e complexa definição das diferenciações entre *trabalho produtivo e trabalho improdutivo* para o capital, que aqui tão somente indicamos, é questão nodal, a efetiva intelecção não só do funcionamento do *modo de produção capitalista* como também dos inúmeros desafios presentes quando se tem como objetivo central a sua *superação*, em especial neste momento em que o sistema metabólico do capital atinge o maior nível de letalidade e destrutividade.

Outro ponto de destaque é aquele em que o autor conceitua o processo de valorização do capital como resultante sobretudo da produção material, mas podendo ocorrer também, esporadicamente, na produção não *material*. Isso porque o trabalho *produtivo* ou *improdutivo* é uma *relação social,* uma dada *forma social* que permite a *valorização do capital.* Isso o leva a dizer que *trabalhos iguais, quanto* à *sua natureza, podem ser tanto produtivos quanto improdutivos*. O que em essência os define e diferencia é a sua *participação (ou não)* no processo de *criação de mais-valor*.

Com base nessa formulação, Marx apresenta a seguinte conclusão: se *todo trabalho produtivo é assalariado*, o inverso não é verdadeiro. Nem todo trabalho assalariado se torna produtivo para o capital. Mas acrescenta que, mesmo quando ele é improdutivo, isso não elimina o fato de que essa forma de trabalho é imprescindível para a manutenção e reprodução do modo de produção capitalista.

Entre tantos outros pontos que poderíamos aqui mencionar, temos as definições categoriais de *subsunção formal* e de *subsunção real do trabalho ao capital*. A *subsunção formal do trabalho ao capital* encontrou vigência na fase manufatureira, quando o trabalho preservava sua *perícia produtiva* e sua *destreza*, enquanto a *subsunção real do trabalho ao capital se* tornou expressão típica da fase que Marx denominou como *grande indústria*. Com o advento da maquinaria, a atividade laborativa converteu os trabalhadores e as trabalhadoras em *apêndices* da máquina, espécies de *autômatos* em relação à maquinaria e ao capital. Essa categorização é certamente um dos momentos analíticos mais preciosos do *Capítulo VI*.

Há, por fim, mais um ponto que gostaríamos de indicar e que se tornou absolutamente essencial para uma melhor intelecção do capitalismo atual: menos que resultado de um trabalho isolado, o *trabalho produtivo* que o capital cada vez mais desenvolve é aquele resultante de uma *capacidade de trabalho socialmente combinada*. Isso significa que o mais-valor é um processo social e, consequentemente, que a classe trabalhadora é um *complexo social amplo, heterogêneo, múltiplo e compósito*.

Apresentação

A importância dessas teses fica mais evidente na medida em que um amplo leque dos serviços está cada vez mais desenhado pela lógica da *mercadorização*, isto é, participa crescentemente do processo de geração de mais-valor, seja de modo predominantemente material, seja por meio de seus crescentes traços de imaterialidade, ambos presentes, cada vez mais imbricados e inter-relacionados, nas novas cadeias produtivas globais.

Entre as hipóteses que apresentamos anteriormente com base em alguns estudiosos da obra marxiana, podemos sugerir, então, que o *Capítulo VI* não foi publicado na *íntegra* pelo autor porque algumas de suas formulações foram reelaboradas nos anos posteriores. É sempre bom recordar, como encontramos em conhecido diálogo com suas filhas, que um dos preceitos fundamentais de Marx era *de omnibus dubitandum* (duvidar de tudo)[8].

Mas sabemos também que, mesmo não sendo incluído integralmente no Livro I de *O capital*, várias das teses ali presentes são mantidas, como se pode constatar, por exemplo, no Capítulo XIV ("Mais-valor absoluto e relativo", Livro I, Seção V), e em outras indicações esparsas nos Livros II e III, bem como nos manuscritos das *Teorias da mais-valia*.

A Enquete operária: *autoinvestigação da classe trabalhadora*

Mais de quinze anos separam a data provável da redação do *Capítulo VI* daquela em que foi escrito o texto que consta como apêndice ao presente volume. O manuscrito de Marx intitulado *Questionário para trabalhadores* foi redigido na primeira quinzena de abril de 1880. Com o título de *Enquete operária* (*Enquête ouvrière*), foi publicado em *La Revue Socialiste*, n. 4, em 20 de abril de 1880 e, simultaneamente, em 25 mil cópias endereçadas a "todas as sociedades de trabalhadores, todos os grupos ou círculos socialistas e democráticos, a todos os jornais franceses e a todas as pessoas que o requisitarem"[9].

La Revue Socialiste havia sido lançada em janeiro de 1880 e era dirigida por Benoît Malon, com a colaboração de Paul Lafargue, Jules Guesde e Gabriel Deville[10]. Ao número que trazia o questionário redigido por Marx, o periódico acrescentou um pequeno texto introdutório[11] ressaltando que nenhum governo

---

[8] Karl Marx, "Confession", *Marx & Engels Collected Works*, v. 42 (Londres, Lawrence & Wishart, 2010), p. 568.

[9] "Enquête ouvrière", *La Revue Socialiste: organe bi-mensuel de la science sociale*, Paris/Lyon, n. 4., 20 abr. 1880, p. 193.

[10] "Questionnaire for Workers", MEGA, v. I/25 (Berlim, Dietz Verlag, 1985), p. 795.

[11] Mais de um comentador atribui esse texto introdutório a Marx. Os editores da MEGA, no entanto, negam essa autoria, interpretação que também é a nossa. Ver "Questionnaire for Workers", cit., p. 796.

Karl Marx – Capítulo VI (inédito)

francês, fosse monárquico, fosse burguês republicano, havia aplicado uma enquete séria sobre a situação da classe trabalhadora na França. Segundo essa "Introdução", a enquete oficial realizada pelo governo da Inglaterra, ao contrário, teria revelado as mazelas da exploração capitalista, e as consequências disso teriam sido a introdução de restrições legais como a limitação da jornada de trabalho a dez horas, a regulamentação do trabalho infantil e das mulheres etc.[12]

Sarcasticamente, o periódico dizia que a iniciativa de utilizar seus parcos recursos para a aplicação de uma enquete operária poderia animar o governo republicano francês a seguir o exemplo da monarquia inglesa e implementar uma pesquisa efetiva sobre a situação da classe trabalhadora na França. Mais importante, o texto introdutório ao questionário ressaltava que apenas os trabalhadores e trabalhadoras poderiam, de fato, descrever sua própria situação e que somente a luta deles conseguiria superar suas mazelas, sendo que as respostas dos operários ofereceriam material para pesquisas que seriam publicadas na revista e, posteriormente, reunidas em um volume independente[13].

La Revue Socialiste não fazia referência à autoria de Marx. Entretanto, na carta de 5 de novembro de 1880 a Friedrich Adolph Sorge, que integra este volume, Marx menciona que havia redigido o questionário para o periódico. Essa primeira redação foi feita em inglês e possui uma adição de Charles Longuet[14], o que, para os editores da MEGA, seria também um indicativo de que Longuet teria providenciado a tradução para o francês[15].

Entre o original e a publicação de *La Revue Socialiste* há algumas diferenças. Marx dividiu a enquete em quatro grandes seções, que foram mantidas pela revista. Nesta, no entanto, optou-se por uma numeração contínua, não reiniciando a contagem a partir de cada seção, como se faz no original. Duas questões foram adicionadas pelo periódico: a n. 88 pedia aos trabalhadores que relatassem as ações dos tribunais que lidavam com as questões relacionadas ao trabalho; a n. 101 remetia a observações gerais que os trabalhadores quisessem fazer. Além disso, algumas alterações do texto de Marx foram feitas pela revista, que estão aqui registradas no trabalho de tradução e cotejamento cuidadoso de Ronaldo Vielmi Fortes.

A *Enquete operária* delineia um fértil caminho de pesquisa sobre as *condições de vida da classe trabalhadora*. Tornou-se um roteiro precioso e um percurso metodológico basilar de como melhor apreender a vida cotidiana da classe operária, de

---

[12] "Enquête ouvrière", *La Revue Socialiste*, cit., p. 194.

[13] Ibidem, p. 194-5.

[14] A adição é feita à pergunta 4, da seção II do questionário, que trata dos intervalos das refeições. Longuet inseriu o trecho sobre o local em que as refeições seriam realizadas: "elas [as refeições] ocorrem dentro ou fora da oficina?".

[15] "Questionnaire for Workers", cit., p. 796.

Apresentação

como "se apropriar da matéria em seus detalhes, analisar suas diferentes formas de desenvolvimento e rastrear seu nexo interno", para que, em seguida, se possa "expor adequadamente o movimento real"[16]. O questionário de Marx acompanha sua concepção de que a ciência só pode ser efetivamente rigorosa se for capaz de superar o "invólucro místico" e assim caminhar em direção a uma *análise dialética*. Ao contrário de uma aparente neutralidade axiológica, a formulação marxiana sempre foi incisiva ao indicar que as abstrações e o desvendamento do real só poderiam ser efetivados por meio de uma ontologia que, ao contrário de todas as anteriores, fosse simultaneamente dialética e materialista. Os dois textos aqui publicados são expressões vivas dessa proposição.

Hilde Weiss, em um artigo clássico sobre a *Enquete operária*, publicado em 1936, oferece uma boa introdução ao questionário, destacando os novos elementos nele presentes, com "seu método de obter dados diretamente dos operários", bem como de oferecer pioneiramente "uma verdadeira e rigorosa descrição das condições da classe operária e do caminho de sua libertação"[17].

A autora acrescentou: "simplesmente ao ler as cem questões, o trabalhador seria levado a perceber os fatos triviais e evidentes ali mencionados como elementos de um quadro geral de sua situação"[18]. Por isso, a "simplicidade e o rigor das questões da *Enquete operária* representam um progresso em relação às pesquisas anteriores"[19], que "eram privadas e oficiais", o que ocorria porque os pesquisadores precedentes, "mesmo que tivessem a intenção, não podiam perceber o verdadeiro caráter dos males sociais, porque utilizavam-se de meios inadequados para colher suas informações. Dirigiam-se quase exclusivamente a donos de fábricas e seus representantes, a inspetores de fábricas, onde havia essas pessoas, ou a funcionários do governo"[20].

A importância da *Enquete operária* se encontra, reiteramos, em oferecer um fértil caminho de pesquisa sobre as condições de vida da classe trabalhadora. O conjunto das questões – das mais simples às mais complexas, das mais empíricas àquelas que exigiam reflexão – englobava quase tudo o que dizia respeito à classe trabalhadora. Não antecipamos aqui seus tantos pontos, mas convidaremos vivamente à sua leitura.

Não foi por acaso, então, que esse pequeno texto teve tanta influência, entre pesquisadores e pesquisadoras, assim como entre militantes da ação operária. A *Enquete* apareceu em um momento particular da organização da classe trabalhadora na França. Quase dez anos antes, a experiência da Comuna de Paris havia

---

[16] Karl Marx, *O capital: Crítica da Economia Política*, Livro I, cit., p. 90.
[17] Hilde Weiss, "A *Enquête ouvrière* de Karl Marx", em Tom Bottomore, *Karl Marx* (trad. Nathanael C. Caixeiro, Rio de Janeiro, Zahar Editores, 1981), p. 171.
[18] Idem.
[19] Ibidem, p. 172.
[20] Ibidem, p. 169.

Karl Marx – Capítulo VI (inédito)

estremecido a Europa, mas sofrido uma forte derrota. As condições de trabalho na França estavam, obviamente, longe de serem idílicas: os trabalhadores franceses tinham jornadas de trabalho entre dez e doze horas, recebiam salários aquém do custo da reprodução de suas vidas e de suas famílias e estavam proibidos de se organizarem em sindicatos. Não obstante, à época da publicação do texto, as greves proliferavam em Paris e em outras grandes cidades da França[21]. Na carta a Friedrich Sorge reproduzida neste volume, Marx refere-se com otimismo às perspectivas de organização da classe na França. Diferentemente das seitas e das lideranças burguesas radicais do passado, despontaria então, segundo ele, "o primeiro movimento real de trabalhadores na França".

O questionário buscava, assim, subsidiar essa potencial organização a partir de uma investigação profunda das demandas da classe. Não se tratava, no entanto, de uma ideia nova de Marx e dos movimentos operários. Em meados de 1866, enquanto membro do Conselho Central da Associação Internacional dos Trabalhadores (AIT), Marx redigira o documento intitulado "Instruções para os delegados do Conselho Geral Provisório. As questões singulares", que foi lido como relatório do Conselho Central da AIT no Congresso de Genebra, em setembro de 1866. Entre os diversos pontos tratados, o texto sugeria uma combinação de esforços internacionais para uma "investigação estatística da situação das classes trabalhadoras de todos os países, investigação esta que deve ser realizada pelas próprias classes trabalhadoras"[22]. Um esquema geral da enquete, muito menor que o questionário de 1880, acompanhava o documento, com o comentário de que ele poderia ser adaptado às realidades de cada país. As respostas seriam reunidas pelo Conselho Central da AIT e publicadas em um relatório geral[23].

A recomendação de Marx sobre a investigação estatística foi aprovada por unanimidade pelo Congresso de Genebra[24]. Os congressos em Lausanne (1867), em Bruxelas (1868) e na Basileia (1869) ressaltaram a necessidade de levar a cabo a proposta aprovada em 1866. Sua implementação, contudo, foi dificultada, entre outros motivos, pela falta de recursos da organização[25].

---

[21] "Questionnaire for Workers", cit., p. 795.

[22] Karl Marx, "Investigação sobre a situação das classes trabalhadoras", em Marcello Musto (org.), *Trabalhadores, uni-vos: antologia política da I Internacional* (São Paulo, Boitempo, 2014), p. 115-7.

[23] Idem.

[24] Karl Marx, "Instructions for the delegates of the provisional general council. The different questions", em Karl Marx e Friedrich Engels, *Marx & Engels Collected Works*, v. 21 (Londres, Lawrence & Wishart, 2010), p. 475.

[25] "Questionnaire for Workers", cit., p. 795. Os editores da *Marx & Engels Collected Works* mencionam ainda a negligência das organizações locais. Karl Marx, "Instructions for the delegates of the provisional general council. The different questions", cit., p. 475.

Apresentação

Quase quinze anos depois, os obstáculos à aplicação da pesquisa permaneceram na França. Se os editores de *La Revue Socialiste* haviam conseguido distribuir um número significativo de questionários pelo país, as respostas a eles parecem ter sido escassas. Na edição de 5 de julho de 1880, o periódico publicou uma nota em que afirmava que já havia recebido algumas respostas, mas exortava os leitores e os amigos da revista a apressarem o envio para que pudessem, então, começar o trabalho de elaboração do que chamaram de "Cadernos do trabalho"[26]. Depois disso, contudo, não houve mais referências à *Enquete operária* ou a seus resultados em *La Revue Socialiste*[27].

Dado que poucas foram as respostas obtidas, Hilde Weiss oferece suas hipóteses explicativas: em contraste com o otimismo de Marx sobre a organização dos trabalhadores na França, a autora argumenta que, ainda sob o impacto do massacre da Comuna de Paris, o período era de regressão, o que se estendia para o "movimento operário em geral"[28]. Nossa hipótese, entretanto, retoma com mais ênfase uma pista aludida por Weiss: um questionário daquela dimensão e riqueza exigiria do operário um longo tempo para escrever suas respostas, algo impossibilitado pelas condições da fábrica, pelo trabalho, pela exaustão e pelo quase inexistente tempo livre.

A *Enquete operária* redigida por Marx, todavia, mostraria uma disseminação e uma vitalidade impressionantes. Como Clark McAllister comentou recentemente, ela teve ampla circulação, ainda nos anos 1880[29]. Dividida em diversas partes, foi publicada entre maio e julho de 1880, em Genebra, no periódico *Précurseur* com o título de *Enquête ouvrière en France*, acompanhada da introdução de *La Revue Socialiste*[30]. Apareceu também na Itália em *La Lotta*, com o título de *Inchiesta operaia*, nas edições de 1º e 28 julho do mesmo ano, confiscadas pela repressão[31].

Também em julho de 1880, a enquete de Marx foi publicada pelo periódico revolucionário *Równość*, organizado em Genebra pelos militantes poloneses no exílio e enviado à Polônia. Trazia uma introdução própria em que se afirmava que a enquete de *La Revue Socialiste* fora concebida para o contexto francês e que, por isso, não contemplava todos os aspectos da vida dos trabalhadores poloneses.

---

[26]   "Bibliographie et divers", *La Revue Socialiste: organe bi-mensuel de la science sociale*, Paris/ Lyon, n. 9., 5 jun. 1880, p. 416.

[27]   Tom Bottomore e Maximilien Rubel, "A Enquête ouvrière de Marx", em Tom Bottomore e Maximilien Rubel, *Sociologia e filosofia social de Karl Marx: textos escolhidos* (trad. Geir Campos, Rio de Janeiro, Zahar Editores, 1964), p. 196.

[28]   Ibidem, p. 173.

[29]   Clark McAllister, *Karl Marx's Workers' Inquiry: International History, Reception, and Responses* (Londres, Notes From Below, 2022), p. 3.

[30]   "Questionnaire for Workers", cit., p. 795.

[31]   "Questionnaire for Workers", cit., p. 796; Clark McAllister, *Karl Marx's Workers' Inquiry*, cit., p. 3.

Karl Marx – Capítulo VI (inédito)

Seria preciso um questionário futuro adaptado à situação da Polônia, não obstante os problemas comuns enfrentados pela classe trabalhadora nos diferentes países. Com uma perspectiva revolucionária e uma linguagem calcada no cotidiano da classe, o periódico ressaltava o autoconhecimento dos trabalhadores como um passo necessário para a superação dos preconceitos diversos e para a luta contra as causas de sua miséria e de seu sofrimento. O esforço dos revolucionários poloneses, ainda que não sem problemas, era já um indicativo de como a *Enquete operária* seria apropriada criativamente no século XX[32].

O questionário redigido por Marx foi publicado pelo Partido Comunista da Grã-Bretanha em 1933. Apareceu no *Zeitschrift für Sozialforschung*, do Instituto para Pesquisa Social de Frankfurt, em 1936. Chegou aos Estados Unidos pelo periódico *The New International*, em 1938, e encontrou no *Correspondence*, grupo formado em torno de C. L. R. James, Raya Dunayevskaya, Grace Lee Boggs, Selma James e outros, uma rica formulação, por meio do auxílio e do estímulo ao registro e da análise das experiências de trabalhadores, negros, mulheres e jovens feitos por eles mesmos. O *Correspondence* teve um importante diálogo com o *Socialisme ou Barbarie*, na França, que, por sua vez, influenciou o *Quaderni Rossi* e o *Classe Operaia* na Itália[33].

Entre nós, a *Enquete operária* apareceu em 1964, na tradução dos textos de Marx organizados por Tom Bottomore e Maximilien Rubel e, posteriormente, como apêndice no livro de Michel Thiollent *Crítica metodológica, investigação social e enquete operária*[34].

Isso nos remete a um necessário toque da lembrança pessoal de um dos autores desta apresentação: tomamos contato com a *Enquete operária*, que era bastante desconhecida entre nós, em meados dos anos 1970, no mestrado em ciência política do Instituto de Filosofia e Ciências Humanas (IFCH) da Universidade Estadual de Campinas (Unicamp), ao cursar a disciplina sociologia do trabalho, ministrada pelo prof. Michel Thiollent, sociólogo de origem francesa que nos apresentou, pela primeira vez, a força e a potência desse pequeno escrito. Força, não é exagero dizer, que está na *razão inversa* de seu pequeno tamanho. Não à toa, permanece viva e influente em pleno século XXI.

---

[32] Równo , "Kwestyjonaryjusz Robotniczy", em Clark McAllister, *Karl Marx's Workers' Inquiry*, cit., p. 59-61.

[33] Clark McAllister, *Karl Marx's Workers' Inquiry*, cit., p. 23-4.

[34] Michel Thiollent, *Crítica metodológica, investigação social e enquete operária* (São Paulo, Polis, 1980).

|441| CAPÍTULO VI

Resultado do processo de produção imediato

Existem três pontos a considerar neste capítulo:

1) *Mercadoria* como *produto do capital*, da produção capitalista;

2) A produção capitalista é *produção de mais-valor*;

3) Ela é, por fim, *produção e reprodução de toda a relação* por meio da qual esse processo de produção imediato se caracteriza como especificamente capitalista.

Dessas três seções, a n. 1 deve ser colocada em último lugar, não em primeiro lugar, na revisão final para impressão, porque faz a transição para o segundo livro – o processo de circulação do capital. Por conveniência, vamos começar com ela.

Ad 1) Mercadorias como produto do capital

A *mercadoria*, como forma elementar da riqueza burguesa, foi nosso ponto de partida, o pressuposto para o surgimento do capital. No entanto, as *mercadorias* aparecem agora como *produto do capital*.

Esse curso circular de nossa apresentação corresponde ao *desenvolvimento histórico* do capital, para o qual a *troca de mercadorias*, o *comércio de mercadorias*, constitui uma das *condições de origem*, que, no entanto, se constitui com base em diversos estágios de produção, aos quais é comum o fato de que neles a produção capitalista ainda não existe absolutamente ou existe ainda apenas esporadicamente. Contudo, a troca desenvolvida de mercadorias e a *forma de mercadoria* como forma social necessária e geral do próprio produto são o resultado somente do *modo de produção capitalista*.

Em contrapartida, se considerarmos as sociedades de produção capitalista desenvolvida, então a mercadoria aparece nelas tanto como

Karl Marx – Capítulo VI (inédito)

pressuposto elementar constante do capital quanto, por outro lado, como resultado imediato do processo de produção capitalista.

Mercadoria e dinheiro são pressupostos elementares do capital, mas só se desenvolvem como capital sob certas condições. A formação de capital só pode ocorrer com base na circulação de mercadorias (que inclui a circulação de dinheiro), isto é, em um nível de comércio já existente que atingiu certo grau; enquanto, inversamente, a produção e a circulação de mercadorias não pressupõem de forma alguma o modo de produção capitalista para sua existência; ao contrário, como expliquei anteriormente[1], também elas "pertencem às formas pré-burguesas de sociedade". São *pressupostos históricos* para o modo de produção capitalista. | |442| No entanto, apenas com base na produção capitalista a mercadoria torna-se a *forma geral do produto*, todo produto deve assumir a forma da mercadoria, compra e venda se apoderam não só do excedente de produção, mas de sua própria substância, e é quando as condições de produção aparecem amplamente como *mercadorias*, que entram no processo de produção a partir da circulação. Se, portanto, a *mercadoria* aparece por um lado como pressuposto para a formação do capital, por outro lado, a *mercadoria*, enquanto *forma geral e elementar do produto*, aparece essencialmente como produto e resultado do processo de produção capitalista. Nos estágios iniciais da produção, os produtos assumem *parcialmente* a forma de mercadorias. O capital, ao contrário, necessariamente produz seu produto como *mercadoria*[2]*. À medida que se desenvolve a produção capitalista, isto é, do capital, realizam-se também as leis gerais desenvolvidas das mercadorias, por exemplo, aquelas concernentes ao valor nas diversas formas de circulação do dinheiro.

---

[1] *"Zur Kritik der Pol. Oekonomie"*, Berlim, 1859, p. 74. "Na oposição entre comprador e vendedor, a natureza antagônica da produção burguesa exprime-se ainda de uma forma tão superficial e tão formal que esta oposição pertence também às formas de sociedade pré-burguesas, sendo a sua única exigência que os indivíduos se relacionem entre si como detentores de mercadorias" [ed. bras.: Karl Marx, *Contribuição à crítica da economia política*, trad. Maria Helena Barreiro Alves, São Paulo, Martins Fontes, 1983, p. 97].

[2] [Jean-Charles-Léonard Simonde] Sismondi.

* Em um caderno de excertos, usado no início da década de 1960, Marx havia anotado esta frase de Sismondi: "O progresso da riqueza trouxe consigo a subdivisão de condições e profissões; o objeto das trocas não era o supérfluo de cada um, mas a própria existência... neste novo estado a vida de todo homem que trabalha e produz não depende da conclusão e sucesso de sua obra, mas de sua venda"; *Études sur l'économie politique*, v. I (Bruxelas, Treuttel et Würtz, 1837), p. 82. (N. T.)

Resultado do processo de produção imediato

Aqui se mostra como mesmo categorias econômicas pertencentes a épocas anteriores de produção adquirem, com base no modo de produção capitalista, um caráter histórico especificamente distinto.

A transformação do dinheiro em capital, que é apenas a forma transformada de uma mercadoria, só ocorre quando a capacidade de trabalho [*Arbeitsvermögen*]* se transforma em mercadoria para o próprio trabalhador, ou seja, quando a categoria de comércio de mercadorias passa a dominar uma esfera da qual antes era excluída ou na qual se incluía apenas esporadicamente. Apenas quando a população trabalhadora deixa de pertencer às condições *objetivas* de trabalho ou de aparecer no mercado como produtora de mercadorias, apenas quando em vez de vender o produto de seu trabalho passa a vender seu próprio trabalho – ou, mais precisamente, sua capacidade de trabalho –, somente então, em sua totalidade, a *produção de mercadorias* em toda a sua profundidade e amplitude transforma todos os produtos em mercadorias, e as próprias condições objetivas de cada esfera individual de produção entram nela como mercadorias. Somente com base na produção capitalista as mercadorias se tornam de fato a *forma geral e elementar da riqueza*. Se o capital, por exemplo, ainda não se apossou da agricultura, grande parte do produto ainda será produzido diretamente como meio de subsistência, não como mercadoria; uma grande parte da população trabalhadora ainda não terá sido convertida em trabalhadores assalariados, e uma grande parte das condições de trabalho ainda não terá sido convertida em capital. Está implícito aqui que a divisão do trabalho desenvolvida, tal como aparece *casualmente* dentro da sociedade, e a divisão capitalista do trabalho no interior do ateliê condicionam-se e produzem-se mutuamente. Pois a *mercadoria* como forma necessária do produto, e, portanto, a alienação do produto como forma necessária de sua apropriação, supõe uma *divisão do trabalho social* plenamente desenvolvida, enquanto, em contrapartida, apenas sob a base da produção capitalista, isto é, sob a base da divisão do trabalho no interior do ateliê, todos os produtos assumem necessariamente a forma da mercadoria e todos

---

* Neste manuscrito Marx utiliza com grande frequência o termo *Arbeitsvermögen*, que, na sequência de suas elaborações – como é o caso de "Salário, preço e lucro" – será substituído pelo termo *Arbeitskraft* (força de trabalho). Este último é também utilizado por Marx no contexto destas elaborações. Interessante notar que ambos os termos são aqui utilizados em sentidos correlatos. (N. T.)

Karl Marx – Capítulo VI (inédito)

os produtores são, portanto, necessariamente produtores de mercadorias. Logo, com a produção capitalista, o valor de uso é geralmente mediado pelo valor de troca.

3 pontos.

1) A produção capitalista é a primeira a fazer das mercadorias a forma geral de todos os produtos.

2) A produção de mercadorias leva necessariamente à produção capitalista assim que o trabalhador deixa de fazer parte das condições de produção (escravidão, servidão) ou sua base não permanece uma comunidade natural (Índia). A partir do momento em que a própria força de trabalho se torna em geral uma mercadoria.

3) A produção capitalista supera a base da produção de mercadorias, a produção independente isolada e a troca entre possuidores de mercadorias, ou a troca de equivalentes. A troca de capital e força de trabalho [*Arbeitskraft*] torna-se formal:

Desse ponto de vista, também será completamente irrelevante a forma pela qual as próprias condições de produção entram no *processo de trabalho*, se elas, por exemplo, cedem gradualmente seu valor ao produto como parte do capital constante, maquinaria etc., ou se entram nele materialmente como a matéria-prima; se uma parte | |443| do produto, por exemplo, a semente na agricultura, é utilizada de novo diretamente pelo próprio produtor como meio de trabalho, ou se é primeiro vendida e depois transformada novamente em meio de trabalho. Todos os meios de trabalho produzidos, além de servirem como valores de uso no processo de produção, funcionam agora, ao mesmo tempo, como elementos do *processo de valorização*. Uma vez que não são convertidos em dinheiro real, mas em moeda de cálculo, são tratados como valores de troca, e se calcula exatamente o elemento de valor que agregam ao produto de uma ou de outra maneira. Na mesma medida em que, por exemplo, a agricultura se torna um ramo da indústria explorado de modo capitalista – a produção capitalista instala sua sede no campo –, na mesma medida em que a agricultura produz para o mercado, produz *mercadorias*, artigos para venda e não para seu próprio consumo imediato –, na mesma medida em que ela calcula suas despesas, trata cada item dela como uma mercadoria (quer compre de um terceiro, quer compre de si mesma, *a produção*), e, portanto, nessa mesma medida a mercadoria é tratada como um valor de troca independente, como *dinheiro*. Uma vez que, portanto, trigo, feno,

Resultado do processo de produção imediato

gado, sementes de todos os tipos etc. são *vendidos* como mercadorias – e sem a venda em geral não contam como produtos –, também entram na produção como *mercadorias*, ou como dinheiro. Naturalmente, no que diz respeito ao processo de valorização, uma vez que os *produtos*, as *condições de produção*, os *elementos dos produtos* – que são coisas idênticas a esses produtos – se tornam *mercadorias* são contabilizados na forma independente de valor de troca como *grandezas monetárias* [*Geldgrössen*]. O processo de produção imediato é aqui, de maneira permanente e insepa- rável, *processo de trabalho* e *processo de valorização*, assim como o produto é *unidade de valor de uso e valor de troca*, isto é, *mercadoria*. Além deste aspecto formal: uma vez que o *farmer* [agricultor], por exemplo, *paga suas despesas*, desenvolve-se o comércio de sementes, de fertilizantes, de gado reprodu- tor etc. – ao passo que *vende* seus ganhos; desse modo, para o agricultor individual, essas condições de produção também passam, realmente, da circulação ao processo de produção, a circulação torna-se de fato o pres- suposto de sua produção, uma vez que são mercadorias cada vez mais realmente *compradas* (ou *compráveis*). Para ele, já são mercadorias como artigos, meios de trabalho, que, ao mesmo tempo, fazem *parte do valor* de seu capital. (Ele, portanto, as calcula como tendo sido vendidas a si mesmo *qua* [enquanto] *produtor* quando as restitui *in natura* à produção). E isso se desenvolve na mesma proporção em que o modo de produção capitalista na agricultura se desenvolve, ou seja, em que a agricultura é explorada cada vez mais de modo fabril.

A *mercadoria como forma geral necessária do produto*, como propriedade específica do modo de produção capitalista, mostra-se de maneira tan- gível na produção em grande escala realizada pelo desenvolvimento da produção capitalista, na unilateralidade e no *caráter massivo do produto*, que lhe confere um caráter social e lhe impõe um caráter estritamente vinculado às conexões sociais, enquanto, ao contrário, sua relação ime- diata como valor de uso para a satisfação das necessidades do produtor aparece como algo totalmente acidental, indiferente e não essencial. Esse produto massivo deve realizar-se como valor de troca, sofrer a metamor- fose da mercadoria, não apenas como necessidade de subsistência do pro- dutor que produz como capitalista mas como necessidade de renovação e continuidade do próprio processo de produção. Portanto, também adentra a esfera do comércio. Seu comprador não é | |444| o consumidor direto, mas o comerciante, que persegue a metamorfose da mercadoria como

Karl Marx – Capítulo VI (inédito)

seu próprio negócio[3]*. Finalmente, o produto desenvolve seu caráter de mercadoria e, assim, seu caráter de valor de troca, pois a diversidade das esferas de produção, ou seja, a esfera da permutabilidade do produto, multiplica-se constantemente com a produção capitalista[4].

(Partimos da mercadoria, dessa forma especificamente social do produto – como base e pressuposto da produção capitalista. Tomamos o produto individual em mãos e analisamos as determinações de forma que ele contém como mercadoria, que o marcam como mercadoria. Antes da produção capitalista, grande parte do produto não era produzida como mercadoria, não era produzida para ser mercadoria. Grande parte dos produtos que entravam na produção, contudo, não era mercadoria, não entrava no processo de produção como mercadoria. A transformação dos produtos em mercadorias ocorria apenas em pontos individuais, estendia-se apenas ao excedente de produção, ou apenas a esferas individuais dele (produtos manufaturados) etc. Os produtos não entravam no processo em todo o seu âmbito como artigos de comércio nem saíam dele como tais em toda a sua amplitude[5]. No entanto, a circulação de mercadorias e a circulação de dinheiro dentro de certos limites – em certo grau de desenvolvimento do comércio – são o *pressuposto*, o *ponto de partida da formação de capital* e do modo capitalista de produção. Tratamos a mercadoria como tal pressuposto, partimos dela como o elemento mais simples da produção capitalista. A mercadoria, porém, é um produto, resultado da produção capitalista. O que primeiro aparecia como seu elemento depois se apresenta como seu próprio produto. É somente sobre essa base que a forma geral do produto se torna mercadoria e, quanto mais ela se desenvolve, tanto mais todos os ingredientes da produção entram em seu processo como mercadoria.)

---

[3]   [Jean-Charles-Léonard Simonde] *Sismondi:*

*   "Como o comércio favorece a produção e substitui o capital produtivo", em *Nouveaux principes d'économie politique*, v. I (Paris, 1819), cap. VIII. (N. T.)

[4]   Ver *"Zur Kritik der Pol. Oekon."*, p. 17 – ver também *Wakefield*. [Marx provavelmente alude a uma nota no comentário que E. G. Wakefield escreveu como editor de uma grande reedição da principal obra de A. Smith, *An inquiry into the nature and causes of the wealth of nations*, v. I. (Londres, 1835-1839), p. 64: "É apenas a infinita variedade de necessidades e de tipos de mercadorias necessárias para sua satisfação que torna a paixão pela riqueza ilimitada e insaciável" – N. T.]

[5]   Ver o trabalho *francês*, por volta de 1752, que afirma que o trigo nunca tinha sido considerado um artigo de comércio na França antes.

Resultado do processo de produção imediato

A *mercadoria* tal como emerge da produção capitalista é determinada de forma diferente da mercadoria, pois é considerada um elemento, um pressuposto da produção capitalista. Partimos da mercadoria individual como um artigo independente no qual se objetiva certo *quantum* de tempo de trabalho e que, portanto, tem um valor de troca de dada grandeza.

A mercadoria agora aparece duplamente* determinada:

1) O que é objetivado nela, além de seu valor de uso, é certo *quantum* de trabalho socialmente necessário, mas, enquanto no caso da mercadoria como tal permanece incerto (e é de fato irrelevante) de quem esse trabalho objetivado se origina etc., a *mercadoria como produto do capital* contém trabalho em parte pago e em parte não pago. Já observamos anteriormente que esta expressão não é correta na medida em que o próprio trabalho não é diretamente comprado e vendido. Mas na mercadoria uma soma total de trabalho é *objetivada*. Uma parte desse trabalho objetivado (além do capital constante, pelo qual se paga um equivalente) é trocada pelo equivalente do salário, outra parte é apropriada pelo capitalista sem equivalente. Ambas as partes são objetivadas, portanto existem como partes do valor da mercadoria. É útil como abreviação caracterizar uma parte como trabalho remunerado e a outra como trabalho não remunerado.

||445| 2) A mercadoria singular aparece não apenas materialmente como parte do produto total do capital, mas como parte alíquota do lote por ele produzido. Não temos mais diante de nós a mercadoria singular, autônoma, o produto singular. Não são mercadorias singulares que aparecem como resultado do processo, mas uma *massa de mercadorias* em que se reproduziu o valor do capital adiantado + o mais-valor – o mais-trabalho [*Surplusarbeit*] apropriado –, e cada uma delas é portadora individual do valor do *capital* e do mais-valor produzido por ele. O trabalho despendido na mercadoria singular não pode mais ser calculado – por causa do cálculo médio, ou seja, da estimativa ideal, que se aplica à parte do capital constante que é incluída no valor do produto total apenas como um *déchet* [desgaste], bem como em geral às condições de produção consumidas

---

* De fato, como o leitor pode observar, Marx lista não dois, mas três pontos. Esses são os três pontos em que se articula a parte estritamente analítica deste parágrafo. Os dois primeiros dizem respeito à determinação do preço (*Preisbestimmung*) da mercadoria como depositária do mais-valor e de uma parte de uma massa total de mercadorias produzida pelo capital. O terceiro ponto diz respeito ao volume da venda em relação às condições de realização do mais-valor, com uma digressão final sobre Proudhon. (N. T.)

Karl Marx – Capítulo VI (inédito)

coletivamente, e, finalmente, por causa do trabalho diretamente social que iguala e valoriza o trabalho médio de muitos indivíduos cooperantes. Conta apenas como uma parte alíquota do trabalho total que recai sobre ele e é calculado *idealmente*. Na *determinação do preço* da mercadoria singular ele aparece como uma mera parte ideal do produto total em que o capital é reproduzido.

3) Enquanto tal – como portadora do valor total do capital + mais-valor, de modo diferente da mercadoria que originalmente nos apareceu como autônoma –, enquanto *produto do capital* – na verdade como forma transformada do capital que se valorizou –, a mercadoria agora se mostra no *volume* e nas *dimensões* da *venda* que devem ocorrer para que o antigo valor do capital e o mais-valor gerado por ele sejam realizados, o que de modo algum acontece quando as mercadorias singulares ou uma parte das mercadorias singulares são vendidas pelo seu valor.

Vimos anteriormente como a mercadoria, para estar em condições de entrar em circulação, deve ter um duplo modo de existência. Deve confrontar o comprador não apenas como um artigo com determinadas propriedades úteis, como determinado *valor de uso* que satisfaça certas necessidades, sejam elas de consumo individual, sejam elas de consumo produtivo. Seu valor de troca deve ter recebido uma *forma* distinta, independente, embora ideal, de seu valor de uso. Deve *aparecer* como a unidade de valor de uso e valor de troca, mas ao mesmo tempo como esse duplo. Seu valor de troca recebe essa forma autônoma, inteiramente independente de seu valor de uso, como a mera existência do tempo de trabalho social materializado em seu *preço*, nessa expressão em que o valor de troca se expressa como valor de troca, isto é, como *dinheiro*, e se expressa dessa forma no *dinheiro de cálculo* [*Rechengeld*].

Existem, de fato, algumas mercadorias, como ferrovias, grandes edifícios etc. que são, por um lado, de natureza tão contínua e, por outro, de tal magnitude que todo o produto do capital adiantado aparece como uma *única* mercadoria. Aqui, então, aplicar-se-ia a lei que foi mostrada na consideração das mercadorias singulares, segundo a qual seu *preço* nada mais é que seu valor expresso em dinheiro. O valor total do capital + mais-valor estaria contido na mercadoria singular e se expressaria no cálculo de dinheiro. A determinação do preço de tal mercadoria não seria em nada diferente daquela dada anteriormente para as mercadorias singulares, porque o *produto total* do capital estaria realmente presente

Resultado do processo de produção imediato

aqui como mercadoria *singular*. Portanto, é desnecessário me alongar mais sobre isso.

A maioria das mercadorias, no entanto, é de natureza discreta (e mesmo as contínuas em geral podem ser tratadas idealmente como grandezas discretas), ou seja, consideradas como massas de um determinado artigo, são divisíveis de acordo com as *medidas* habitualmente atribuídas a elas como valores de uso particulares, | |446| por exemplo, a quartis de trigo, b quintais de café, c varas de linho, x dúzias de facas, em que as próprias mercadorias individuais contam como unidade de medida etc.

Agora, temos que nos ocupar primeiro do *produto total* do capital, que sempre pode ser visto como mercadoria *única* – de qualquer volume, discreta ou contínua –, como um único valor de uso, cujo valor de troca aparece, portanto, também expresso no *preço total*, como expressão do valor total desse produto total.

Ao analisar o *processo de valorização*, mostrou-se que: uma parte do capital constante antecipado, como edifícios, máquinas etc., apenas cede certas cotas de valor, as quais perde como meio de trabalho no processo de trabalho; ele nunca entra *materialiter* [materialmente] no produto na forma de seu próprio valor de uso; continua a servir no processo de trabalho por um período de tempo mais longo; o valor que cede ao produto produzido durante um determinado período é estimado pela proporção desse período específico com o período total durante o qual ele se desgasta como meio de trabalho, de maneira que perde seu valor total e assim o transfere para o produto, de tal modo que, se, por exemplo, serve por dez anos, segundo um cálculo médio, deu ao produto de um ano $^1/_{10}$ de seu valor, adicionou $^1/_{10}$ de seu valor ao produto anual do capital. Na medida em que essa parte do capital constante, após a saída de certa massa de produtos, continua a servir de meio de trabalho e, segundo a estimativa média acima mencionada, continua a representar determinado valor, não entra na formação de valor da massa de produtos que saíram. Em geral, seu valor total só determina o valor da massa de produtos que saíram, a massa de produtos para cuja produção já serviu, uma vez que o valor dado por ela durante um determinado período é estimado como parte alíquota de seu valor total, é determinado pela razão entre o período total em que serviu e cedeu parte de seu valor e o período total em que serve e cede seu valor total ao produto. De resto, seu valor ainda existente não é levado em consideração para a valorização da massa de mercadorias que já saíram. Pode, portanto, em relação a essa, ser considerado igual a zero. Ou, o que dá no mesmo, para simplificar, a propósito da presente análise, a questão pode ser vista como se o *capital total* – incluindo aquela fração de sua parte constante, que só entra integralmente em seu produto em períodos mais longos de produção – estivesse contido inteiramente, tivesse passado inteiramente para o produto do capital total a ser considerado.

Suponhamos, então, que o produto total seja = 1.200 varas de linho. Seja o capital adiantado = 100£, das quais 80£ representam o capital constante, 20£ representam o capital variável e que a taxa de mais-valor seja de 100%, de modo que o trabalhador trabalhe metade da jornada de trabalho para si e a outra metade gratuitamente para o capitalista. Nesse caso, o mais-valor produzido seria = 20£ e o valor total das 1.200 varas seria = 120£, dos quais 80£ representam o valor adicionado pelo capital constante, 40£ representam trabalho novo adicionado, metade do qual substitui salários e a outra metade representa mais-trabalho ||447| ou constitui mais-valor.

Uma vez que, com exceção do trabalho novo adicionado, os próprios elementos da produção capitalista já entram no processo de produção como mercadorias, isto é, com preços determinados, o valor que o capital constante acrescenta já é dado como *preço*, por exemplo, no caso acima 80£ para linho, máquinas etc. Mas, no que diz respeito ao trabalho novo adicionado, se os salários determinados pelos meios de subsistência necessários são = 20£, e o mais-trabalho é tão grande quanto o trabalho pago, ele deve manifestar-se em um preço de 40£, uma vez que o valor do trabalho adicionado depende de seu *quantum*, mas de modo algum das circunstâncias em que é pago. O preço total do capital de 100£ produziu 1.200 varas = 120£.

Como agora determinar o valor de cada mercadoria individual, neste caso, a vara de linho? Evidentemente, dividindo o *preço total* do produto total pelo número de produtos divididos em partes alíquotas de acordo com as medidas dadas, ou seja, o *preço total* do produto é dividido pelo *número de unidades de medida* em que o *valor de uso* contém sua medida, ou seja, por exemplo, no presente caso: $\frac{120£}{(1.200\ varas)}$; isso dá para a vara de linho o preço de 2 xelins*. Se a vara, que serve de medida do linho, é

---

*   1 libra (£) = 20 xelins; 1 xelim = 12 pence (d.). (N. T.)

Resultado do processo de produção imediato

desenvolvida como padrão de medida, dividindo-o em partes alíquotas, então também podemos determinar da mesma maneira o preço de meia vara etc. O preço da mercadoria individual é determinado considerando seu valor de uso como parte alíquota do produto total e seu preço como alíquota correspondente ao valor total produzido pelo capital.

Vimos que, em correspondência a diferentes graus de *produtividade* ou *força produtiva do trabalho*, o mesmo tempo de trabalho é representado em um *quantum* muito diferente de produtos, ou um valor de troca de igual grandeza é representado em quantidades completamente diferentes de valores de uso. Suponhamos que no presente caso a produtividade da tecelagem de linho quadruplique. O capital constante, linho, maquinaria etc., que era movido pelo trabalho representado em 40£, seria = 80£. Se a produtividade da tecelagem quadruplicar, ela acionará quatro vezes o capital constante, ou seja 320£ de linho etc. E o número de varas quadruplicaria, de 1.200 para 4.800 varas. O trabalho novo adicionado de tecelagem, no entanto, ainda se expressaria em 40£, uma vez que seu *quantum* permaneceria inalterado. O preço total das 4.800 varas seria agora = 360£ e o preço de cada vara = $\frac{360£}{(4.800 \text{ varas})}$ = 1 vara 1½ xelim. O preço de cada vara teria caído de 2 xelins, ou 24 d. [pence*], para 1½ ou 18 d., cerca de ¼, porque o capital constante contido na vara teria absorvido ¼ menos trabalho vivo adicional ao ser transformado em linho, ou o mesmo *quantum* de trabalho de tecelagem teria sido distribuído por um *quantum* maior de produto. Para a presente finalidade, no entanto, ainda é melhor tomar um exemplo em que o capital total adiantado permanece o *mesmo*, mas a força produtiva do trabalho representa-se em *quanta* muito diferentes do mesmo valor de uso – em consequência, por exemplo, de simples condições naturais, favoráveis ou desfavoráveis da época –, ||448| por exemplo, em trigo. Suponhamos que o *quantum* de trabalho gasto em um acre de terra, por exemplo, na produção de trigo, se mostre em 7£, das quais 4£ representam trabalho novo adicionado, 3£ representam trabalho já objetivado no capital constante. Das 4£, 2£ de salário e mais 2£ de trabalho, de acordo com a relação pressuposta de = . Mas a *crop* [safra] deve *vary* [variar] com a variação da estação.

---

* 1 xelim = 12 pences. (N. T.)

Karl Marx – Capítulo VI (inédito)

Total de *quarters*	Um *quarter*	Valor ou preço do produto total
Quando se tem (*When he has)*	Pode vender a cerca de (*he can sell about*)	
5	28 xelins	7£
4 ½	31 xelins	idem
4	35 xelins	"
3 ½	40 xelins	"
3	46 xelins 8 d.	"
2 ½	56 xelins	"
2	70 xelins	" 6)

O *valor* ou *preço* do produto total do capital de 5£ adiantadas por 1 acre permanece sempre o mesmo = 7£, pois a soma adiantada de trabalho vivo objetivado e trabalho novo adicionado permanece constante. Mas esse mesmo trabalho é representado em quantidades muito diferentes de *quarters*, e o *quarter* singular, a mesma parte alíquota do produto total, tem, portanto, preços muito diferentes. No entanto, essa variação dos preços das mercadorias singulares produzidas com o mesmo capital não altera a taxa de mais-valor, a relação entre mais-valor e capital variável, ou a relação na qual toda a jornada de trabalho é dividida em [trabalho] pago e não pago. O valor total em que o trabalho novo adicionado é representado permanece o mesmo, porque o mesmo *quantum* de trabalho vivo que é adicionado ao capital constante, e a relação entre o mais-valor e os salários, ou entre a parte paga e a não paga do trabalho, permanece a mesma, mesmo que a vara, em função da crescente produtividade do trabalho, passe a custar 2 ou 1½ xelim. O que mudou em relação a cada vara foi o *quantum* total de tecelagem adicionado a ela, mas a relação em que esse *quantum* total é dividido em trabalho pago e não pago permanece a mesma para cada parte alíquota desse *quantum* total contido em cada vara singular, por maior ou menor que seja. Da mesma forma, sob o pressuposto *dado*, o aumento do preço do *quarter* no segundo caso, com a diminuição da produtividade do trabalho, ou seja, a circunstância em que o trabalho novo adicionado é distribuído por menos *quarters*, um *quantum* maior de trabalho novo adicionado recairia, portanto, em cada *quarter*, ||449| não faz absolutamente nenhuma diferença na relação em que esse

---

6) *An Inquiry into the Connections etc.*, By a Farmer, Londres, 1773, p. 108.

Resultado do processo de produção imediato

quantum maior ou menor de trabalho que cada *quarter* absorve se divide em trabalho pago e não pago; nenhuma diferença no mais-valor total que o capital produziu, ou na parte alíquota do mais-valor contido no valor do *quarter* singular, em relação ao valor novo adicionado a ele. Se, sob o pressuposto dado, mais trabalho vivo é adicionado a determinado *quantum* de meios de trabalho, então mais trabalho pago e não pago é adicionado a ele na mesma relação; se menos, na mesma relação é adicionado menos trabalho pago e menos trabalho não pago; mas a *relação* entre esses dois componentes do trabalho novo adicionado permanece *inalterada*.

Prescindindo das influências singulares perturbadoras, cuja consideração é irrelevante para o presente fim, a tendência e o resultado do modo de produção capitalista consiste em aumentar constantemente a produtividade do trabalho e, portanto, aumentar constantemente a massa dos meios de produção transformados em produtos com o mesmo trabalho adicional, para distribuir constantemente o trabalho novo adicionado sobre uma massa maior de produtos, por assim dizer, e, portanto, diminuir o *preço* de cada mercadoria ou *baratear* os preços das mercadorias em geral. Esse barateamento dos preços das mercadorias, contudo, não envolve absolutamente, em si e por si, nenhuma mudança na *massa* de mais-valor produzido pelo mesmo capital variável nem na divisão proporcional do novo trabalho adicionado contido em cada mercadoria em pago e não pago, tampouco na taxa de mais-valor realizado da mercadoria. Se certo *quantum* de linho, fuso etc. absorve menos trabalho de tecelagem para sua transformação em uma vara de linho, isso não altera a proporção em que esse maior ou menor trabalho de tecelagem é dividido em pago e não pago. O *quantum absoluto* de trabalho vivo novo adicionado a certo *quantum* de trabalho já objetivado não muda a proporção em que esse *quantum variável*, maior ou menor, de cada mercadoria é dividido em trabalho pago e não pago. Apesar da variação dos preços das mercadorias decorrente da variação da força produtiva do trabalho e apesar da queda nos preços dessas mercadorias e do barateamento da mercadoria, a relação entre trabalho pago e não pago e, em geral, a taxa de mais-valor realizado pelo capital podem permanecer *constantes*. Se não houvesse variação na força produtiva do novo trabalho adicionado aos instrumentos de trabalho, mas sim na força produtiva do trabalho que cria os instrumentos de trabalho – cujo preço, portanto, aumentaria ou diminuiria –, então também é claro que a variação assim provocada nos

Karl Marx – Capítulo VI (inédito)

preços das mercadorias não alteraria a divisão constante do trabalho vivo adicional nelas contido em pago e não pago.

Pelo contrário. Se a *variação do preço das mercadorias* não impede uma taxa constante de mais-valor, uma divisão constante do trabalho adicional em pago e não pago, tampouco a *constância do preço das mercadorias* impede uma variação na taxa de mais-valor, uma mudança na divisão proporcional do novo trabalho adicionado em pago e não pago. Para simplificar a questão, vamos supor que, no ramo de trabalho em discussão, não haja *variação na força produtiva de todo o trabalho nele contido*, por exemplo, no caso acima não há variação na produtividade do trabalho de tecelagem ou do trabalho que faz linho, fusos etc. De acordo com a suposição acima, são investidas 80£ em capital constante, 20£ em variável. Estas 20£ devem representar 20 dias (dias úteis, por assim dizer) de 20 tecelões. De acordo com o pressuposto, eles produziram 40£, assim eles trabalharam metade do dia para si mesmos e metade para o capitalista. Mas também ||450| suponhamos que a jornada de trabalho fosse = 10 horas e agora seja estendida para 12, de modo que o mais-trabalho seja aumentado em 2 horas por pessoa. A jornada total de trabalho teria aumentado em $\frac{1}{5}$, de 10 para 12 horas. Como 10 : 12 = 16$\frac{2}{3}$: 20, agora só seriam necessários 16$\frac{2}{3}$ de tecelões para pôr em movimento o mesmo capital constante de 80£, portanto para produzir 1.200 varas de linho. (Pois 20 pessoas que trabalham 10 horas trabalham 200 e 16$\frac{2}{3}$ que trabalham 12 horas também trabalham 200.) Ou, se deixarmos os 20 trabalhadores como antes, eles agora adicionarão 240 horas de trabalho em vez de 200 horas. E, como o valor de 200 horas diárias por semana seria 40£, o de 240 horas diárias expressaria 48£. Mas, como a força produtiva do trabalho etc. permaneceu a mesma e como as 40£ de capital constante corresponderiam a 80£, 48£ corresponderiam a 96£ de capital constante. O capital antecipado seria, portanto, de 116£, e o valor da mercadoria produzida por ele seria = 144£. Mas se 120£ = 1.200 varas, 128£ são = 1.280 varas. Assim, a vara custaria $\frac{128£}{1.280}$ = $\frac{1}{10}$ £ = 2 xelins. O preço de cada vara permaneceria inalterado, porque ainda teria custado o mesmo *quantum* total objetivado nos meios de trabalho e novo trabalho de tecelagem adicionado. Mas o mais-valor contido em cada vara teria aumentado. Anteriormente, 1.200 varas eram 20£ de mais-valor, ou seja, em 1 vara $\frac{20£}{1.200}$ = $\frac{2}{120}$ = $\frac{1}{60}$ = $\frac{1}{3}$ xelim = 4 d. Agora 1.280 varas chegam a 28£, [1 vara] agora 5$\frac{1}{4}$ d., uma vez que 5$\frac{1}{4}$ d. x 1.280 = 28£, que é a soma real do mais-valor contido nas 1.280 varas. Da

Resultado do processo de produção imediato

mesma forma, as 8£ adicionais de mais-valor são = 80 varas (a 2 xelins por vara) e de fato o número de varas aumentou de 1.200 para 1.280 varas.

O *preço das mercadorias* permanece o mesmo aqui; a força produtiva do trabalho permanece a mesma. O capital investido em salários permanece o mesmo. No entanto, a soma do mais-valor aumenta de 20 para 28, ou de 8, que é $\frac{2}{5}$ de 20; uma vez que $8 \times \frac{5}{2} = \frac{40}{2} = 20$, ou seja, em 40%. Essa é a porcentagem em que o mais-valor total aumentou. Mas, quanto à *taxa de mais-valor*, originalmente era de 100% e agora é de 140%.

Esses números malditos podem ser corrigidos mais tarde. Por ora, basta que a *preços constantes das mercadorias* |1451| cresça o mais-valor, uma vez que o mesmo capital variável põe em movimento *mais* trabalho e, portanto, produz não apenas *mais* mercadorias de mesmo *preço* mas mais mercadorias contendo *mais* trabalho não pago.

O *cálculo correto* é mostrado na seguinte comparação, para a qual devem ser considerados os seguintes dados:

Se 20v originalmente = 20 jornadas de 10 horas (que podem multiplicar-se por 6 dias da semana, o que nada mudaria) e a jornada de trabalho = 10 horas, então esse trabalho total = 200 horas.

Se a jornada for estendida de 10 para 12 horas (e as horas extras de 5 para 7), então o trabalho total das 20 = 240 horas.

Se 200 horas de trabalho representam 40£, então 240 representariam 48£.

Se 200 horas de capital constante põem em movimento 80£, então 240 poriam em movimento 96£.

200 horas produzem 1.200 varas, então 240 horas produziriam 1.440 varas.

Temos agora a seguinte comparação:

	c	v	m	Valor do produto total	Taxa de mais-valor	Total do mais-valor	Vara	Preço da vara	*Quantum* de trabalho por vara	Mais-trabalho	Taxa de mais-trabalho
I)	80£	20£	20£	120£	100%	20	1.200	2 xelins	8 d.	4 d.	4 : 4 = 100%
II)	96£	20£	28£	144£	140%	28	1.440	2 xelins	8 d.	4⅔ d.	4⅔ : 3⅓ = 140%

5 : 7 = número de horas aumentado de 5 para 7

33

Em consequência do aumento do *mais-valor absoluto*, ou seja, do prolongamento da jornada de trabalho, a relação do *quantum* total de trabalho empregado aumentou de 5 : 5 para 5 : 7, de 100% para 140%, e essa relação também se reflete em *cada* vara. Mas a massa total de mais--valor é determinada pelo *número* de trabalhadores empregados a essa taxa aumentada. Se estes tivessem sido reduzidos em consequência do prolongamento da jornada de trabalho – se apenas se mantivesse o mesmo *quantum* de trabalho de antes, isto é, se o número de trabalhadores tivesse sido reduzido devido ao aumento da jornada de trabalho – então o aumento da taxa de mais-valor teria permanecido o *mesmo*, mas não o de sua soma absoluta.

Suponhamos agora, inversamente, que a *jornada de trabalho* permaneça a mesma = 10 horas, mas que, em consequência de um *aumento da produtividade do trabalho* – não no capital constante empregado na tecelagem nem na própria tecelagem, mas em outros ramos da indústria, cujos produtos vão para os salários –, o trabalho necessário seria reduzido de 5 para 4 horas, de modo que os trabalhadores agora trabalham 6 horas em vez de 5 para o capitalista e 4 em vez de 5 para si mesmos. ||452| A relação entre mais-trabalho e trabalho necessário era $5 : 5 = {}^{100}/_{100}$, 100%; agora é $6 : 4 = 150 : 100 = 150\%$.

Como antes, 20 pessoas, empregadas em 10 horas = 200 horas, põem em movimento o mesmo capital constante de 80£. O valor do produto total ainda é 120£, o número de varas = 1.200, o preço da vara = 2 xelins. Nada mudou, de fato, nos preços de produção. O produto total (relativo ao valor) de 1 [trabalhador] foi = 2£, e o de 20 = 40£. Mas, se 5 horas diárias por semana = 20£, então 4 = 16£, com as quais ele agora compra a mesma quantidade de meios de subsistência de antes. O pagamento dos 20 [trabalhadores] que fazem apenas 4 horas de trabalho necessário = 16£ em vez dos 20 anteriores. O capital variável caiu de 20 para 16, mas continua a movimentar a mesma quantidade de trabalho absoluto. Mas esse *quantum* é distribuído de forma diferente. Anteriormente ½ era pago, ½ era não pago. Agora 4 em cada 10 horas são pagas e 6 não são pagas, ou seja, ⅖ são pagas e ⅗ não são pagas; ou, em vez da razão de 5 : 5, tem-se a de 6 : 4, portanto, em vez de uma taxa de mais-valor [*Surpluswerths*] de 100%, uma de 150%. A taxa de mais-valor aumentou em 50%. Em cada vara seriam 3⅕ d. pagos e 4⅘ d. de trabalho de tecelagem não pagos; isto é ${}^{24}/_{5} : {}^{16}/_{5}$ ou 24 : 16, como acima. Teríamos, portanto:

Resultado do processo de produção imediato

	c	v	m	Valor do produto total	Taxa de mais-valor	Total do mais-valor	Vara	Preço da vara	*Quantum* de trabalho por vara	Mais-trabalho	Taxa de mais-trabalho
III)	80	16	24	120£	150%	24	1.200	2 xelins	8 d.	$4^4/_5$ d.	$4^4/_5 : 3^1/_5 =$ $24 : 16 = 150\%$

Observamos aqui que a soma do mais-valor é de apenas 24 em vez de 28, como na II. Mas, se, em III, o mesmo capital variável de 20 tivesse sido investido, o *quantum total* de trabalho empregado teria aumentado, já que permaneceria o mesmo se um capital variável de 16 tivesse sido empregado. Portanto, teria aumentado em ¼ já que 20 é maior em ¼ do que 16. *O quantum total de trabalho empregado teria aumentado, não apenas a proporção de mais-trabalho em relação ao trabalho pago.* Em 16 esta nova taxa rende 40£, 20 rende 50, das quais 30 são mais-valor. Se 40£ = 200 horas, 50 = 250 horas. E, se 200 puseram em movimento 80c, então 250 horas colocaria 100c. Se, finalmente, 200 horas produzem 1.200 varas, então 250 horas equivalem a 1.500 varas. O cálculo seria, portanto:

	c	v	m	Valor do produto total	Taxa de mais-valor	Total do mais-valor	Vara	Preço da vara	*Quantum* de trabalho por vara	Mais-trabalho	Taxa de mais-trabalho
IIIa)	100	20	30	150	150%	30	1.500	2 xelins	8 d.	$4^2/_3$ d.	150%

Em geral, deve-se notar que, em consequência da queda no salário do trabalho (consequência aqui do aumento da força produtiva), é necessário *menos capital variável* para empregar o mesmo *quantum* de trabalho, e, por conseguinte, para usar o *mesmo quantum de trabalho* com *maior* vantagem para o capital, na medida em que a parte paga desse mesmo *quantum* cai em relação à parte não remunerada; em troca, se o capitalista continua a empregar a *mesma* massa de capital variável, ele obtém o dobro, porque não só explora uma *taxa maior de mais-valor* sobre o mesmo *quantum* total

Karl Marx – Capítulo VI (inédito)

mas também sobre essa *taxa maior de mais-valor* explora um *quantum* maior de trabalho, *although his variable capital has not increased in magnitude* [embora seu capital variável não tenha aumentado em magnitude].

||453| Desse modo, foi demonstrado:

1) Com a *variação dos preços das mercadorias*, a taxa e a massa de mais--valor podem permanecer constantes;

e 2) A *preços das mercadorias constantes*, a taxa e a massa de mais-valor podem *variar*.

Os preços das mercadorias, via de regra, tal como desenvolvemos ao considerar a produção do mais-valor, só a influenciam na medida em que entram nos custos de reprodução da capacidade de trabalho e, portanto, afetam seu próprio valor; uma incidência que, por curtos períodos, pode ser paralisada por influências contrapostas.

Segue-se de 1) que a queda dos preços das mercadorias resultante do desenvolvimento da força produtiva do trabalho, o barateamento das mercadorias – prescindindo daquela parte das mercadorias que, pelo seu barateamento, tornam a própria capacidade de trabalho mais barata (assim como, ao inverso, seu aumento de preço torna-a mais cara) – implica o fato de que menos trabalho é materializado em cada mercadoria ou que o mesmo trabalho é representado em uma massa maior de mercadorias, razão pela qual uma parte da alíquota menor dele recai sobre cada mercadoria, mas não implica por si só que a *divisão proporcional* do trabalho contido em cada mercadoria singular alterne entre *pago* e *não pago*. As duas leis desenvolvidas aplicam-se geralmente a todas as mercadorias, ou seja, também àquelas que não entram direta ou indiretamente na reprodução da capacidade de trabalho, cujo barateamento ou aumento de preço são, portanto, irrelevantes para a determinação do próprio *valor* da capacidade de trabalho.

De 2) se segue (ver ad. III e IIIa) que, embora os *preços das mercadorias* permaneçam os mesmos e o mesmo ocorra com a força produtiva do trabalho vivo empregada diretamente no ramo de produção da qual resultam essas mercadorias, *a taxa e a massa de mais-valor* podem aumentar. (Também se poderia desenvolver o contrário, que eles poderiam cair se a jornada de trabalho total fosse reduzida ou o *tempo de trabalho necessário* crescesse por meio do aumento dos preços de outras mercadorias enquanto a jornada de trabalho permanecesse a mesma.) Isso ocorre porque um *capital variável de determinada grandeza* pode empregar *quanta* [quantidades] *muito desiguais de trabalho de determinada força produtiva*

Resultado do processo de produção imediato

(e os preços das mercadorias permanecem os mesmos enquanto a força produtiva do trabalho não muda), ou porque o *capital variável de grandeza variável* emprega *quanta* iguais de trabalho de dada força produtiva. Em suma, um capital variável de determinada grandeza de valor nem sempre põe em movimento os mesmos *quanta* de trabalho vivo e, na medida em que é considerado um mero símbolo dos *quanta* de trabalho que põe em movimento, é um símbolo de *grandeza variável*.

Essa última observação (ad 2 e a lei 2) mostra que a mercadoria – enquanto *produto do capital*, enquanto *componente alíquota do capital*, enquanto portadora do capital que se valorizou e, portanto, que contém em si parte alíquota do mais-valor criado pelo capital – deve ser considerada diferentemente do que consideramos antes, no início de nosso desenvolvimento acerca das mercadorias singulares e autônomas.

(Quando falamos de preços de mercadorias, supõe-se aqui sempre que o *preço total* da massa de mercadorias produzida pelo capital seja = ao *valor total* dessa massa e, portanto, o *preço* da parte alíquota, de cada mercadoria, seja = à parte alíquota desse valor total. O preço em geral é aqui a expressão monetária do *valor*. Preços diferentes dos valores ainda não foram apresentados em nosso desenvolvimento.)

| |454| (Transição de 2 e 3 deste capítulo para 3), que
tratamos aqui primeiro como 1*. (Ver p. 444.)

Vimos que a produção capitalista é produção de mais-valor e, como tal produção de mais-valor (na *acumulação*), é ao mesmo tempo *produção de capital* e *produção* e reprodução de toda a relação de capital em escala

---

* De acordo com a intenção expressa por Marx no início do rascunho do Capítulo VI, o parágrafo sobre "A mercadoria como produto do capital" deveria ter aparecido, em edição posterior e definitiva para impressão, como n. 3 e não como n. 1. No parágrafo seguinte ele se prepara para essa mudança na ordem de sucessão dos parágrafos, escrevendo uma passagem para conectar com os dois parágrafos que deveriam ter sido transferidos para o n. 1 e n. 2: uma passagem de "Produção capitalista como produção de mais-valor" (aqui novamente como n. 2) e "Reprodução de toda a relação" (aqui novamente como n. 3) "A mercadoria singular como produto de capital". Para este fim, ele também pretendia usar a passagem da p. 444 do manuscrito, como se mostra pela anotação na margem nesse contexto. No entanto, na "edição definitiva para impressão", desde a primeira edição do Livro I de *O capital* (1867), Marx decidiu suprimir todo o capítulo final sobre "Resultado do processo de produção imediato". (N. T.)

Karl Marx – Capítulo VI (inédito)

cada vez mais ampliada. Mas o mais-valor é produzido apenas como uma parte do valor das mercadorias, embora se encontre em um certo *quantum* de mercadorias ou de mais-produtos [*Surplusproduce*]. O capital apenas produz *mais-valor* e só reproduz a si mesmo como *produtor de mercadorias*. É, portanto, a *mercadoria* como seu *produto imediato* de que nos devemos ocupar novamente. Mas, como vimos, as *mercadorias* são *resultados incompletos* quando consideradas em termos de sua *forma* (de sua determinação econômica formal). Elas primeiro têm que passar por certas mudanças de forma – têm que entrar novamente no processo de troca no qual elas passam por essas mudanças de forma – antes de poderem funcionar novamente como riqueza, seja na forma de dinheiro, seja como valores-de-uso. Portanto, agora temos que examinar mais de perto as *mercadorias* como o resultado mais direto do processo de produção capitalista e depois os outros processos pelos quais ela tem que passar. (Mercadorias são os elementos da produção capitalista e são o *produto* dela, são a forma em que o capital aparece novamente no fim do processo de produção.)

A *mercadoria singular* – como produto do capital, na realidade como parte elementar do capital reproduzido e valorizado – mostra sua diferença da mercadoria singular da qual partimos como pressuposto para a formação do capital, também [se diferencia] da mercadoria considerada de maneira *autônoma* pelo fato de que – afora o ponto considerado até agora sobre a determinação do preço – a venda da mercadoria pelo seu preço não implica que seja realizado o *valor* do capital adiantado para sua produção, e menos ainda o *mais-valor* criado por esse capital. Como meras portadoras de capital – não apenas materialmente, como parte do valor de uso do qual se compõe o capital, mas como portadoras do *valor* do qual está composto o capital –, as mercadorias podem ser vendidas ao preço correspondente ao seu valor e, não obstante, ser vendidas *abaixo* de seu valor como *produto do capital* e como *componentes do produto total no qual existe o capital que se valorizou por si mesmo*.

Em nosso exemplo anterior, um capital de 100£ foi reproduzido em 1.200 varas de linho, a partir de um preço de 120£. De acordo com o argumento anterior, como tínhamos 80c, 20v, |20m|, podemos representar o fato de tal forma que as 80£ de capital constante sejam representadas em 800 varas ou ⅔ do produto total; 20£ de capital variável ou salários em 200 varas ou ⅙ do produto total e 20£ de mais-valor igualmente em

Resultado do processo de produção imediato

200 varas ou um segundo ⅙ do produto total. Se agora se vendesse não 1 vara, mas, por exemplo, 800 ao preço = 80£ e se as 2 outras partes não fossem vendidas, então apenas ⅘ do valor original do capital de 100£ seriam reproduzidos. Como portadora do capital total, isto é, como o único *produto atual* do capital total de 100£, as 800 varas seriam vendidas *abaixo de seu valor*, ou seja, precisamente ⅓ abaixo de seu valor, já que o valor do produto total = 120£ e 80£ é apenas = ⅔ do produto total; mas o *quantum* que falta de valor 40£ é igual ao outro terço desses produtos. Considera-das isoladamente, essas 800 varas também poderiam ser vendidas *acima* de seu valor e ainda assim seriam vendidas, como portadoras do capital total, *pelo* seu valor, por exemplo, se elas mesmas fossem vendidas a 90£, mas as restantes 400 varas a apenas 30£. No entanto, queremos deixar completamente de lado a venda de porções individuais da massa de mercadorias *acima* ou *abaixo* de seu valor, uma vez que, segundo o pressuposto, as mercadorias geralmente são vendidas *pelo* seu valor.

||455| Não se trata aqui apenas, como no caso das mercadorias autô-nomas, de serem vendidas por seu valor, mas de serem vendidas por seu valor (preços) como portadoras do capital adiantado para sua produção e, portanto, como *parte alíquota do produto total do capital*. Se apenas 800 desse produto total de 1.200 varas = 120£ forem vendidas, essas 800 não representam ⅔ da parte alíquota do valor total, mas sim o valor total, ou seja, representam um valor de 120£ e não 80£ e a mercadoria singular não seria = $^{80}/_{800} = {}^8/_{80} = {}^4/_{40} = {}^2/_{20}£ = 2$ xelins, mas $^{120}/_{800} = {}^{12}/_{80} = {}^3/_{20}£ = 3$ xelins. Consequentemente, a mercadoria singular seria vendida 50% mais cara se custasse 3 xelins em vez de dois. Como parte alíquota do valor total produzido, a mercadoria singular deve ser vendida por seu preço e, portanto, como *parte alíquota* do produto total vendido. Ela não deve ser vendida como uma mercadoria autônoma, mas, por exemplo, como $^1/_{1.200}$ do produto total, portanto como um complemento aos $^{1.199}/_{1.200}$ restantes. É importante que a mercadoria singular seja vendida por seu preço x o *número* que constitui o denominador de sua parte alíquota.

(Daí resulta já evidente que, com o *desenvolvimento da produção capitalista* e o correspondente barateamento das mercadorias, cresce *sua* massa, *aumenta* o *número* de mercadorias que devem ser vendidas, de modo que é necessária a *expansão* constante *do mercado*, [o que] constitui uma necessidade do modo de produção capitalista. Mas esse ponto é mais pertinente ao livro seguinte.) (Daqui resulta claro também por

Karl Marx – Capítulo VI (inédito)

que o capitalista, mesmo podendo entregar, por exemplo, 1.200 varas a 2 xelins, não poderia entregar 1.300 a esse preço. Porque as 100 adicionais talvez exigissem variações no capital constante etc., que seriam viáveis a esse preço para uma produção adicional de 1.200 varas, mas não para a de 100 etc.)

Pode-se ver então como a mercadoria, enquanto *produto do capital*, difere da *mercadoria singular, tratada de forma autônoma*, e essa diferença se tornará cada vez mais evidente e tanto mais incidirá sobre a determinação real do preço da mercadoria etc. quanto mais acompanharmos o processo capitalista de produção e de circulação.

Existe ainda um ponto para o qual quero chamar a atenção aqui:

Vimos no capítulo II, 3, deste primeiro livro, como as diferentes partes do valor do produto do capital – valor do capital constante, valor do capital variável e mais-valor – por um lado se repetem em suas *partes proporcionais*, ao se representarem em cada mercadoria singular como parte alíquota do *valor de uso total* produzido e como parte alíquota do *valor total produzido*; vimos como, por outro lado, o produto total pode ser dividido em certas porções, quotas do valor de uso produzido, artigos, dos quais uma parte representa apenas o valor do capital constante, a outra apenas o capital variável e, finalmente, a terceira apenas o mais-valor. Essas duas representações, embora no fundo idênticas – como demonstrado anteriormente –, *contradizem-se* em seu modo de expressão. Pois na última concepção as mercadorias singulares pertencentes ao *lote 1*, que apenas reproduz o valor do capital constante, aparecem como se representassem apenas trabalho materializado antes do processo de produção. Desse modo, por exemplo, as 800 varas = 80 = ao valor do capital constante adiantado representam apenas o valor do fio de algodão, óleo, carvão, máquinas etc., mas nem uma única partícula de valor do novo trabalho de tecelagem nele acrescentado; enquanto, contudo, *considerada como valor de uso*, cada vara contém, além do linho, determinado *quantum* de trabalho de tecelagem, que acaba de lhe dar a forma de linho, e, em seu *preço de 2 xelins*, 16 d. como reprodução do capital constante nele consumido, 4 d. para salários, 4 d. de trabalho não pago nele materializado. Essa contradição aparente – cuja falta de solução, como se verá mais adiante, deu origem a *blunders* [equívocos] fundamentais na análise – é *at first view* [à primeira vista] tão *desconcertante* para quem apenas observa o *preço* das mercadorias singulares como o é, por exemplo, a afirmação feita pouco

Resultado do processo de produção imediato

antes de que a mercadoria singular ou certa quota do produto total se possa vender *por* seu preço ao ser vendida *abaixo* de seu preço; que possa ser vendida *acima* de seu preço *por* seu preço e até mesmo *acima* de seu preço vendendo-a *abaixo* de seu preço. Um exemplo dessa confusão, *Proudhon*. (virar [a página]*)

(O preço por vara, no exemplo anterior, não está determinado isoladamente, mas como parte alíquota do produto total.)

||456| (Apresentei anteriormente o que havia sido *desenvolvido* sobre a *determinação do preço* da seguinte forma (talvez devessem ser inseridas algumas dessas expressões na apresentação pregressa)):

De início, concebíamos *as mercadorias singulares autonomamente*, como resultado e produto direto de um determinado *quantum* de trabalho. Agora que são o *resultado do capital*, as coisas mudam *formalmente* (mais adiante, *efetivamente*, nos preços de produção) desse modo: a massa de valores de uso produzidos representa um *quantum de trabalho* = ao *valor do capital constante contido e consumido no produto* (do *quantum de trabalho materializado transferido* ao produto) + o *quantum de trabalho* trocado pelo capital variável, parte do qual substitui o valor do capital variável e a outra parte constitui o *mais-valor*. Se o tempo de trabalho contido no capital for expresso em dinheiro = 100£, de que 40£ formam capital variável, e, se a taxa de mais-valor = 50%, então a massa total de trabalho contido no produto será expressa em *120£*. Antes que a mercadoria possa circular, seu *valor de troca* deve primeiro ser convertido em *preço*. Portanto, se o produto total não é uma coisa única e contínua – de modo que todo o capital se reproduz em uma única mercadoria, como, por exemplo, uma casa –, então o capital deve calcular o *preço* da mercadoria singular, isto é, representar o valor de troca da mercadoria singular em dinheiro de cálculo (*Rechengeld*). Dependendo da diferente produtividade do trabalho, o *valor total* de 120£ será *dividido* entre mais ou menos produtos, o *preço* da mercadoria singular será representado, portanto, na *relação inversa* ao número total de mercadorias, ou seja, o preço por peça representará uma parte alíquota maior ou menor das 120£. Se o produto total, por exemplo, é = 60 toneladas de carvão, então 60 toneladas = 120£ = 2£ por tonelada = $^{120}/_{60}$£; se o produto = 75 toneladas, então a tonelada = $^{120}/_{75}$ = 1£ 12 xelins; se o produto é = 240 toneladas, então será = $^{120}/_{240}$ = $^{12}/_{24}$ = $^{1}/_{2}$ £ etc. O *preço*

---

* Essa indicação refere-se à p. 457 do manuscrito. (N. A.)

Karl Marx – Capítulo VI (inédito)

da mercadoria singular é $\frac{\text{(preço total do produto)}}{\text{(número total do produto)}}$, ou seja, é igual ao preço total dos produtos, o qual é medido de várias maneiras de acordo com o valor de uso do produto.

Se o preço das mercadorias singulares é = ao preço total da massa de mercadorias produzidas pelo capital 100£ (número de toneladas) *dividido* pelo número total de mercadorias (aqui, de toneladas), então, portanto, o *preço total* do total produto é = ao preço das mercadorias singulares *multiplicado* pelo número total de mercadorias produzidas. Se a massa de mercadorias aumenta com a produtividade, o mesmo acontece com seu número, enquanto o preço das mercadorias singulares caiu. Inversamente, se a produtividade diminui, então, um fator, o preço, aumenta e diminui o outro fator, o número. Enquanto o *quantum* de trabalho *distribuído* for o *mesmo*, ele se representa no mesmo *preço total* de 120£, seja qual for a parte que recai sobre a mercadoria singular, com a variação de sua massa em relação à produtividade do trabalho.

Como a parte do preço que recai sobre o produto singular – a alíquota parte do valor total – resulta menor devido ao maior número de produtos, isto é, por causa da maior produtividade do trabalho, o mais-valor que recai sobre ele também é menor, a parte alíquota do preço total na qual se expressa o mais-valor de 20£, e que se vincula a ele. Mas isso não altera a *relação* entre a parte do preço da mercadoria singular, que expressa mais-valor, e a parte do preço da mercadoria, que representa o salário ou o trabalho pago.

Certamente, ao examinar o processo de produção capitalista mostrou-se que – prescindindo do prolongamento da jornada de trabalho – com o barateamento das mercadorias que determinam o valor da capacidade de trabalho, ou seja, das mercadorias que entram no consumo necessário do trabalhador, põe-se a tendência de baratear a própria capacidade de trabalho e, portanto, ao mesmo tempo encurtar a parte *paga* do trabalho e alongar a parte *não paga*, permanecendo igual a duração da jornada de trabalho.

Assim, enquanto no pressuposto anterior o preço da mercadoria singular também participa do *mais-valor* na mesma proporção em que constitui parte alíquota do valor total, na mesma proporção em que participa do preço total, agora, apesar da queda do preço do produto, a parte desse preço que representa o mais-valor sobe. Mas isso só acontece porque no *preço total* do produto, como resultado do aumento da produtividade do trabalho, o mais-valor ocupa um lugar proporcionalmente maior.

Resultado do processo de produção imediato

À mesma causa deve-se a *redução do valor da capacidade de trabalho* – o aumento da produtividade do trabalho, pela qual o mesmo *quantum* de trabalho, o mesmo valor de 120£, pode ser representado em uma maior massa de produtos e que, portanto, reduz o *preço* da mercadoria singular (com a diminuição da produtividade ocorreria o *inverso*). Logo, embora *o preço da mercadoria singular caia*, embora o *quantum* total de trabalho nele contido e, portanto, seu valor diminua, a parte proporcional desse preço que consiste no mais-valor aumenta; ou no *quantum* total menor de trabalho contido em cada mercadoria, por exemplo, em cada tonelada, contém um *quantum maior de trabalho não pago* do que antes; quando o trabalho era menos produtivo, a massa do produto era menor e o preço da mercadoria singular era mais alto. No *preço total* de 120£ e, portanto, em cada parte alíquota dessas 120£, há mais trabalho não pago)*.

||457| *Puzzles* [quebra-cabeças] semelhantes confundem Proudhon porque ele só olha para o preço da mercadoria singular, autônoma, e não considera a mercadoria como um *produto do capital total*, logo não considera a relação na qual o produto total é dividido, conceitualmente, com seus respectivos preços.

"*Il est impossible que l'intérêt du capital* (que é apenas uma parte particularmente designada do mais-valor) *s'ajoutant dans le commerce au salaire de l'ouvrier pour composer le prix de la marchandise, l'ouvrier puisse racheter ce qu'il a lui-même produit. Vivre en travaillant est un principe qui, sous le régime de l'intérêt, implique contradiction.*" [Uma vez que o *juro do capital* (*que é apenas uma parte particularmente designada do mais-valor*) se soma no comércio ao *salário do trabalhador* para *compor o preço da mercadoria*, é impossível que o trabalhador possa resgatar o que ele mesmo produziu. Viver do trabalho é um princípio que, no regime dos juros, implica contradição.] (*Gratuité du Crédit: Discussion entre M. Fr. Bastiat et M. Proudhon*, Paris, 1850, p. 105.)

Inteiramente correto: para esclarecer o assunto, vamos supor que o trabalhador, "*l'ouvrier*", em questão, seja a classe trabalhadora em seu conjunto. O salário semanal que recebe e com o qual agora tem que comprar meios de subsistência etc. é gasto em uma massa de mercadorias, cujo *preço*, considerando cada mercadoria ou todas em conjunto, inclui, além de uma parte = salário, uma parte = *mais-valor*, da qual os juros mencionados por Proudhon são apenas uma parte proporcional, e talvez apenas uma

---

* No manuscrito original há um fechamento de parênteses nesse momento, mas não há a indicação de sua abertura. (N. T.)

Karl Marx – Capítulo VI (inédito)

parte proporcionalmente pequena. Agora, como é possível que a classe trabalhadora, com sua renda semanal, que é apenas = ao *Salair* [salário], compre uma massa de mercadorias que é = ao *Salair* [salário] + mais--valor? Como a renda semanal, considerada para toda a classe, é apenas = à soma semanal dos meios de subsistência, segue-se claramente que o trabalhador *não* pode comprar os meios de subsistência necessários com a soma de dinheiro recebida. Porque a soma de dinheiro que ele recebe é = ao salário semanal, o preço semanal pago a ele por seu trabalho, enquanto o preço semanal dos meios de subsistência necessários é = ao preço semanal do trabalho envolvido + o preço pelo qual o mais-trabalho não pago é representado. *Ergo* [logo]: "il est impossible que ... l'ouvrier puisse racheter ce qu'il a lui-même produit. Vivre en travaillant" [é impossível que... o trabalhador possa resgatar o que ele mesmo produziu. *Viver enquanto trabalha*], portanto, implica sob tais pressupostos "*contradiction*" [contradição]. Proudhon está completamente certo no que diz respeito à *aparência*. Mas, se, em vez de considerar a mercadoria autonomamente, a considerar como produto do capital, descobrirá que o produto semanal é dividido em uma parte cujo *preço* = salário = capital variável distribuído durante a semana não contém *mais-valor* [*Surpluswerth*] etc. e outra parte cujo preço apenas é = ao mais-valor [*Surpluswerth*] etc.; embora o preço da mercadoria inclua todos esses elementos etc., é apenas essa primeira parte que o trabalhador compra de volta. (Embora para o presente propósito não importe que o *épicier* [merceeiro] possa enganá-lo, e que de fato o engane, nessa recompra etc.)

Tal é o que ocorre, geralmente, com os paradoxos econômicos aparentemente profundos e inextricáveis de Proudhon. Consistem em pronunciar a confusão que os fenômenos econômicos criam em sua cabeça como a lei dos fenômenos.

(De fato, sua tese é ainda pior, porque implica o pressuposto de que o verdadeiro preço da mercadoria seja = ao *Salair* [salário] nela contido, = ao *quantum* de trabalho *pago* contido nela, e que *mais-valor*, juros etc. sejam apenas um *acréscimo*, arbitrário, sobre esse verdadeiro preço da mercadoria.)

Mas ainda pior é a crítica da economia vulgar dirigida a ele. Por exemplo, o sr. *Forcade* (citar passagem aqui*) não apenas deixa claro a

---

* Marx faz referência ao artigo de E. Forcade "La guerre du socialisme. II. L'économie politique révolutionnaire et sociale", *Revue des Deux Mondes*, 1848, v. XXIV. (N. T.)

Resultado do processo de produção imediato

Proudhon, por um lado, que sua tese é excessivamente demonstrativa, já que, de acordo com ela, a classe trabalhadora não poderia viver de forma alguma, mas que, por outro lado, as formulações dos paradoxos *não* são suficientes, pois o preço dos bens que o trabalhador compra, além do salário + juros etc., inclui também matéria-prima etc. (em suma, os elementos de preço do capital constante). Inteiramente correto, Forcade. *But what next?* [Mas o que vem depois?] Ele demonstra que o problema é de fato ainda mais difícil do que Proudhon coloca – e esta é uma razão para *não* o resolver, na proporção em que Proudhon o coloca, para escapar dele com uma frase sem sentido (ver n. 1).

| |458| De fato, o que há de bom no procedimento de Proudhon é que, ao expressar com presunção sofística a confusão dos fenômenos econômicos de maneira aberta, em contraste com os economistas vulgares, que procuram encobri-la, mas não conseguem compreendê-la, expõe a miséria teórica destes últimos. Assim, o sr. W. Tucídides *Roscher* descreve *Qu'est-ce que [la] Proprietè?* [O que é a propriedade] de Proudhon como "confuso e gerador de confusão". Nesse "gerador de confusão" expressa-se o sentimento de impotência da economia vulgar diante dessa confusão. Ela é incapaz de resolver as contradições da produção capitalista mesmo na forma confusa, superficial e sofística em que Proudhon as agarra e as lança sobre suas cabeças. Tudo o que ela pode fazer é abandonar seu sofisma teoricamente intransponível para apelar ao entendimento "comum" humano e apontar que as coisas seguem seu curso. Um bom consolo para os supostos "teóricos".

(Nb. [*Nota bene*, note bem] Toda essa passagem sobre Proudhon caberia provavelmente mais bem colocada em capítulo III, livro II, ou mesmo depois.)

Agora, também, a dificuldade apresentada no capítulo I foi resolvida. Se as *mercadorias* que constituem o produto do capital são vendidas a preços determinados por seu valor, isto é, se toda a classe de capitalistas vende as mercadorias *por seu valor*, então cada um deles realiza mais-valor, isto é, vende uma parte da mercadoria que não lhe custou nada e pela qual não pagou. O ganho que eles obtêm mutuamente não é obtido por meio de trapaças mútuas – isso só pode ocorrer com o arrebatamento de parte do mais-valor devida do outro – nem pelo fato de venderem suas mercadorias acima de seu valor, mas por vendê-las pelo *seu valor*. Esse pressuposto, de que as mercadorias são vendidas a preços corresponden-

Karl Marx – Capítulo VI (inédito)

tes aos seus valores, também constitui a base das investigações contidas no livro seguinte.

O resultado mais direto do processo de produção capitalista imediato, seu produto, são *mercadorias* cujo preço não apenas repõe o valor do capital adiantado consumido durante sua produção mas, ao mesmo tempo, o mais-trabalho consumido durante a mesma produção é materializado e objetivado como *mais-valor* [*Surpluswerth*]. Como *mercadoria*, o produto do capital deve entrar no processo de troca das mercadorias e, portanto, não apenas entra no metabolismo real mas, ao mesmo tempo, deve sofrer as mudanças de forma que apresentamos como *metamorphose* [metamorfose] das mercadorias. No que diz respeito apenas às mudanças formais – a transformação dessas mercadorias em dinheiro e sua reconversão em mercadorias –, o processo já está analisado no que chamamos de "circulação simples" – na circulação das mercadorias como tais. Mas essas mercadorias são agora, ao mesmo tempo, portadoras de capital; são o próprio capital valorizado e impregnado de mais-valor. E, nessa relação, a sua circulação, que é agora ao mesmo tempo o processo de reprodução do capital, inclui determinações ulteriores que eram estranhas à consideração abstrata da circulação de mercadorias. Devemos, portanto, considerar agora a circulação de mercadorias como o *processo de circulação do capital*. Isso será feito no próximo livro.

||459| ad 2 A produção capitalista como produção de mais-valor

Na medida em que o capital aparece apenas em suas formas elementares, como mercadoria ou dinheiro, o capitalista aparece nas já conhecidas formas de caráter do possuidor de mercadorias ou do possuidor de dinheiro. Por essa razão, porém, estes últimos não são capitalistas em si e por si, assim como as mercadorias e o dinheiro não são capital em si e por si. Assim como estes só se transformam em capital sob certos pressupostos, os possuidores de mercadorias e de dinheiro só se transformam em capitalistas sob os mesmos pressupostos.

O capital é apresentado originariamente como *dinheiro* que deve ser transformado em *capital*, ou que é capital apenas δυνάμει [em potência].

Assim como, por um lado, os economistas cometem o erro de identificar essas formas elementares de capital – mercadorias e dinheiro – enquanto tais com o capital, assim também, por outro lado, cometem o erro

Resultado do processo de produção imediato

de considerar que o *modo de existência* do capital *como valor de uso – meios de trabalho –*, enquanto tal, é capital.

Em sua primeira forma provisória (por assim dizer) como *dinheiro* (como ponto de partida da formação de capital), o capital existe apenas como dinheiro, ou seja, como *soma de valores de troca* na *forma autônoma de valor de troca*, sua *expressão monetária*. Mas esse dinheiro deve se valorizar. O valor de troca deve servir para criar mais valor de troca. A *grandeza de valor* deve aumentar, ou seja, o valor existente não apenas deve ser preservado, mas um *incremento*, um valor Δ, é posto como *mais-valor*, de modo que o valor dado – a soma dada de dinheiro – aparece como *fluência* e o incremento como *fluxo*. Voltaremos a essa expressão monetária autônoma do capital quando considerarmos seu processo de circulação. Neste livro, no qual se trata apenas do dinheiro como *ponto de partida do processo de produção imediato*, bastará uma única observação: aqui, o capital só existe como uma *dada soma de valor* = D (dinheiro), em que todo valor de uso se extinguiu, portanto, sob a forma de dinheiro. A *grandeza* dessa soma de valor é limitada pelo *montante* ou *quantidade* da *soma de dinheiro* que deve ser convertida em capital. Essa soma de valor torna-se assim capital na medida em que sua *grandeza aumenta*, se transforma em uma *grandeza variável*, é, desde o início, um *fluente*, que põe uma fluxão [*fluxion*]. *Em si* essa soma de dinheiro só é capital, isto é, de acordo com a sua *determinação*, porque deve ser empregada ou consumida de um modo que tenha por *finalidade* seu *crescimento*, porque é gasta com a *finalidade* de seu *crescimento*. Se isso aparece em relação à soma de valor ou dinheiro existente como sua *determinação*, seu impulso interior, sua tendência, então em relação ao capitalista, isto é, ao possuidor dessa soma de dinheiro, em cujas mãos essa função se processa, surge como *intenção*, *finalidade*. Nessa expressão originariamente simples do capital, enquanto valor ou dinheiro (que deve se tornar capital), na qual toda referência ao valor de uso é abstraída e omitida, também desaparecem toda interferência perturbadora e todos os indícios que posteriormente confundirão o processo de produção real (produção de mercadorias etc.), e a *característica e específica natureza* do processo de produção capitalista se mostra tão abstratamente simples. Se o capital originário é uma *soma de valores* = x, então a finalidade é fazer que esse x se torne capital ao transformá-lo em x + Δx, isto é, em uma soma de dinheiro ou soma de valor = à soma de valor original + um excedente sobre a soma de valor originária, em uma dada *grandeza* de dinheiro +

Karl Marx – Capítulo VI (inédito)

dinheiro adicional, em um *dado valor + mais-valor*. A *produção de mais-valor* – que inclui a preservação do valor originariamente adiantado – aparece assim como a finalidade determinante, o interesse impulsionador e o resultado *último* do processo de produção capitalista, como aquele pelo qual o valor originário é convertido em capital. *Como* isso é feito, o procedimento real dessa transformação de x em x + Δx, não altera a finalidade e o resultado do processo. É claro que x também pode ser transformado em x + Δx sem um processo de produção capitalista, mas não sob a *condição* e o *pressuposto dados* de uma sociedade cujos membros competem e se opõem como pessoas que só se contrapõem em sua qualidade de possuidores de mercadorias e que apenas como tais entram em contato umas com as outras (o que exclui a escravidão etc.); e, em segundo lugar, não sob a outra condição, de que o produto social seja produzido como *mercadoria* (isso exclui todas as formas em que o valor de uso é a finalidade principal para os produtores imediatos, em que, no máximo, o excedente do produto etc. se transforma em mercadoria).

||460| Essa finalidade do processo, em que x é transformado em x + Δx, mostra, além disso, qual curso a investigação deve tomar. A expressão deve ser a função de uma grandeza variável, ou se transformar nela durante o processo. De início, como *soma de dinheiro dada*, x é uma grandeza constante cujo incremento é = 0. Ela deve, portanto, ser transformada, no processo, em outra grandeza que contenha um elemento variável. Deve-se encontrar esse elemento e, ao mesmo tempo, demonstrar a mediação pela qual a grandeza originariamente constante se torna variável. O fato de que, como será demonstrado adiante ao analisar o processo de produção real, uma parte de x é reconvertida em uma grandeza constante – a saber, em meios de trabalho –, e que uma parte do *valor* de x se transforma apenas na forma de determinados valores de uso, em vez de na forma de dinheiro desses valores – uma alteração que em nada modifica a natureza constante da grandeza de valor, sobretudo nessa parte, enquanto valor de troca –, esse fato nada altera, e x se apresenta no processo como c (grandeza constante) + v (grandeza variável) = c + v. Mas agora a diferença Δ (c + v) = c + (v + Δv) e, dado que a diferença de c = 0, resulta = (v + Δv). Então, o que originariamente aparece como Δx é realmente Δv. E a relação entre esse incremento da grandeza originária x e a parte de x cujo incremento ele realmente é deve ser (Δv = Δx (pois Δx = Δv)), $\frac{\Delta x}{v} = \frac{\Delta v}{v}$, que é de fato a fórmula para a *taxa de mais-valor*.

Resultado do processo de produção imediato

Como o capital total C = c + v, do qual c é constante e v a variável, C pode ser considerado como uma função de v. Se v aumenta de Δv, então C = C'

Então se tem:

1) C = c + v.

2) C' = c + (v + Δv).

Subtraindo a equação 1) da equação 2) obtém-se a diferença C' – C, o incremento de C = ΔC.

3) C' – C = c + v + Δv - c - v = Δv.

Então: 4) ΔC = Δv.

Então temos (3): e, portanto, 4) ΔC = Δv. Mas C' – C = à grandeza pela qual C variou = ao incremento de C ou ΔC (= ΔC), ou seja, 4). Ou o incremento do capital total = o incremento da parte variável do capital, de modo que ΔC ou a mudança da parte constante do capital = 0. O capital constante assim estabelecido nessa investigação sobre ΔC ou Δv é = 0, isto é, não deve ser tomado em consideração.

A proporção em que v cresceu é = $\frac{\Delta v}{v}$ (*taxa de mais-valor*). A proporção em que cresceu C é = $\frac{\Delta v}{C}$ = $\frac{\Delta v}{c + v}$ (*taxa de lucro*).

A *função* autêntica e específica do capital como capital é, portanto, a *produção de mais-valor*, que, como veremos mais adiante, nada mais é do que a *produção de mais trabalho*, a *apropriação do trabalho não pago* no processo de produção real, que se apresenta, se objetiva, como *mais-valor*.

Verificou-se além disso que, para transformar x em capital, em x + Δx, é necessário que o valor ou a soma de dinheiro x se transforme nos *fatores do processo de produção*, antes de tudo nos *fatores do processo de trabalho real*. Em certos ramos da indústria, é possível que parte dos meios de produção – o *objeto do trabalho* – não tenha nenhum valor, não seja *mercadoria*, embora tenha valor de uso. Nesse caso, uma parte de x é meramente transformada em meio de produção, e o objeto de trabalho, no que diz respeito à transformação de x, isto é, a compra de mercadorias por x que entram no processo de trabalho, limita-se à compra de meios de produção. No que concerne ao valor, um fator do processo de trabalho, o objeto de trabalho, é aqui = 0. Mas consideramos a questão em sua forma completa, na qual o objeto do trabalho é também = à mercadoria. Para o caso em que isso não se verifique, esse fator, no que concerne ao valor, para retificar o cálculo deve ser definido = 0.

Assim como a mercadoria é uma unidade imediata de valor de uso e valor de troca, o processo de produção, que é o *processo de produção de mercadorias*, é a unidade imediata do processo de trabalho e do processo

Karl Marx – Capítulo VI (inédito)

de valorização. Assim como as *mercadorias*, isto é, as unidades imediatas de valor de uso e valor de troca, emergem do processo como *resultado*, como produto, também entram nele como elementos constitutivos. Nada pode sair de um processo de produção sem que tenha entrado na forma de condições de produção.

A transformação da soma de dinheiro adiantada, da soma de dinheiro a ser valorizada e transformada em capital, em *fatores do processo de produção* é um ato da circulação de mercadorias, do processo de troca, e se decompõe em uma série de compras. Esse *ato*, portanto, ocorre *fora do* processo de produção imediato. Ele apenas o introduz, mas é o seu *pressuposto necessário*, e, se considerarmos o todo e a continuidade da produção capitalista em vez do processo de produção imediato, essa transformação do dinheiro em *fatores do processo de produção*, essa compra de meios de produção e de capacidade de trabalho, constitui propriamente um *momento imanente de todo o processo*.

||461| Se considerarmos agora a figura do capital no *interior* do processo de produção imediato, ele tem, como a mercadoria simples, a *dupla figura* de *valor de uso* e *valor de troca*. Mas, em ambas as formas, aparecem outras determinações, mais desenvolvidas, que são diferentes daquelas das mercadorias simples, consideradas autonomamente.

No que diz respeito ao *valor de uso*, seu conteúdo particular, sua determinação ulterior, era completamente irrelevante para a determinação conceitual da mercadoria. O artigo, que deveria ser uma mercadoria e, portanto, o portador de valor de troca, deveria *satisfazer* alguma necessidade social; portanto, tinha que possuir algumas propriedades úteis. *Voilà tout* [Isso é tudo]. É diferente com o *valor de uso* das mercadorias que operam no processo de produção. Pela natureza do *processo de trabalho*, os meios de produção se diferenciam, em primeiro lugar, em *objeto do trabalho* e em *meios de trabalho*, ou, para ser mais preciso, em *matérias-primas*, por um lado, e em *instrumentos, materiais auxiliares* etc., por outro. Essas são *determinações da forma de valor de uso*, que surgem da própria natureza do processo de trabalho, e assim – em relação aos meios de produção – o valor de uso é ulteriormente determinado. A própria *determinação de forma do valor de uso* torna-se aqui essencial para o desenvolvimento da *relação econômica*, da *categoria econômica*.

Mas, além disso, os valores de uso que entram no processo de trabalho são divididos em dois elementos opostos, estritamente distintos no plano

Resultado do processo de produção imediato

conceitual (assim como os meios de produção objetivos, como acabamos de demonstrar) – por um lado, os meios de produção objetivos, as condições *objetivas* de produção, e, por outro lado, a capacidade de trabalho produtivo, a força de trabalho expressando-se convenientemente, a condição *subjetiva* de produção. Essa é uma forma ulterior de determinação do capital na medida em que aparece como *sub specie* do *valor de uso* no interior do processo de produção imediato. Na mercadoria simples, certo trabalho orientado a um fim, fiação, tecelagem etc., é incorporado, objetivado, no fio, no tecido. A forma do produto orientada a um fim é o único rastro deixado pelo trabalho orientado a um fim, e esse vestígio pode ser apagado quando o produto toma a forma de um produto natural, como gado, trigo etc. O valor de uso aparece na mercadoria sob a forma atual como o existente, aparece no processo de trabalho apenas como *produto*. A mercadoria singular é de fato um produto acabado por trás do qual está o processo de sua criação, no qual foi superado o processo pelo qual o trabalho útil particular foi incorporado. A mercadoria vem a ser o que é no processo de produção. Como produto, ela é constantemente empurrada para fora do processo, de modo que o próprio produto apenas aparece como um momento do processo. Uma parte *do valor de uso* em que o capital aparece no interior do processo de produção é a própria *capacidade de trabalho viva*, mas como capacidade de trabalho de uma determinada *especificação* correspondente ao valor de uso particular dos meios de produção e como *capacidade de trabalho ativa, força de trabalho que se exterioriza* orientada a um fim, que *usa os meios de produção em momentos objetivos* [*gegenständlichen Momenten*] de sua atividade e, portanto, os *transforma* da forma originária de seu valor de uso na nova forma do produto. Os próprios valores de uso passam, portanto, por um *processo real de transformação* no interior do processo de trabalho, seja ele de natureza mecânica, química ou física. Enquanto o valor de uso na mercadoria é uma coisa dada com propriedades determinadas, agora é a transformação das coisas que funcionam como matéria-prima e meio de trabalho, em valores de uso de figura modificada; no *produto*, tal transformação se faz por meio do trabalho vivo que é ativo nele, que é precisamente a capacidade de trabalho *actu* [em ato]. Assim, a figura que o capital assume como *valor de uso* no processo de trabalho decompõe-se: *primeiro*, nos *meios de produção* conceitualmente diferenciados e inter-relacionados; *segundo*, ||462| em diferenciação conceitual, decorrente da natureza do processo de trabalho,

Karl Marx – Capítulo VI (inédito)

entre as condições *objetivas* de trabalho (os meios de produção) e as condições *subjetivas* de trabalho, *a capacidade de trabalho* ativa orientada para um fim, isto é, o próprio trabalho. *Terceiro*, contudo, considerando o processo como um todo, o valor de uso do capital aparece aqui como um processo que produz valor de uso, no qual os meios de produção funcionam segundo essa determinação específica como meios de produção da *capacidade de trabalho específica* que opera orientada a um fim e corresponde à sua natureza determinada. Ou seja, o próprio *processo de trabalho* em seu conjunto, como tal, na interação viva de seus momentos objetivos e subjetivos, aparece como a figura total do valor de uso, ou seja, como a figura *real* do capital no processo de produção.

O processo de produção do capital é, antes de tudo, considerado seu aspecto real – ou considerado como um processo que forma novos valores de uso através do trabalho útil por meio de valores de uso –, um *processo de trabalho real*. Como tal, seus elementos [*seine Momente*], seus componentes conceitualmente determinados, são os do *processo de trabalho* em geral, são os de cada *processo de trabalho*, em qualquer estágio de desenvolvimento econômico e com base em qualquer modo de produção que ocorra. Portanto, a figura real, ou a figura dos valores de uso objetivos que *compõe o capital*, seu substrato material, é necessariamente a figura dos meios de produção – meios de trabalho e objetos de trabalho – que servem para produzir novos produtos; além disso, no processo de circulação esses valores de uso já estão presentes (no mercado), na forma de mercadorias – ou seja, na posse do capitalista como possuidor da mercadoria –, antes de funcionarem de acordo com sua finalidade específica no mercado; portanto, o capital – uma vez que se apresenta em condições *objetivas* de trabalho – *compõe-se* em termos de seu valor de uso de *meios de produção*, matérias-primas, materiais auxiliares e meios de trabalho, ferramentas, construções, máquinas etc., conclui-se que todos os *meios de produção* são, δυνάμει [em potência], na medida em que funcionam como meios de produção, *actu* capital; logo, conclui-se que o capital é um elemento [*ein Moment*] necessário do *processo de trabalho humano em geral*, independentemente de qualquer forma histórica e, portanto, que é algo eterno e condicionado pela natureza do trabalho humano. Da mesma forma, como o processo de produção do capital é em geral um *processo de trabalho*, chega-se à conclusão de que o *processo de trabalho como tal*, o processo de trabalho em todas as formas sociais, é necessariamente *processo de trabalho*

Resultado do processo de produção imediato

do capital. O capital é assim visto como uma *coisa* que desempenha certo papel material, um papel que lhe é devido como coisa, no processo de produção. É a mesma lógica que conclui que, porque o dinheiro é ouro, o ouro é dinheiro em si mesmo, que, porque o trabalho assalariado é trabalho, todo trabalho é necessariamente trabalho assalariado. A *identidade* é assim demonstrada atendo-se ao que é *idêntico* em todos os processos de produção prescindindo-se de suas *diferenças específicas*. A identidade é demonstrada pela abstração da diferença. Voltaremos a esse ponto crucialmente importante com mais detalhes mais adiante nesta seção. Por enquanto, apenas observemos que:

Primeiro: as mercadorias que o capitalista comprou para usá-las como *meio de produção* no processo de produção, no processo de trabalho, são propriedade dele. Elas são, de fato, apenas seu dinheiro transformado em mercadoria e, do mesmo modo, a [forma de] existência de seu capital, assim como era o dinheiro; inclusive de maneira ainda mais intensiva, na medida em que estão presentes na figura em que realmente funcionam como *capital*, ou seja, como meio de criação de valor, para valorização do valor, isto é, para seu aumento. Tais meios de produção são, portanto, *capital*. Em contrapartida, com a outra parte da soma de dinheiro adiantada, o capitalista comprou capacidade de trabalho, trabalhadores ou, como *aparece* no capítulo IV, *trabalho vivo*. Este, portanto, pertence a ele tanto quanto as condições objetivas do processo de trabalho. Mas impõe aqui, porém, a seguinte diferença específica: o trabalho real é o que o trabalhador realmente cede ao capitalista como equivalente à parte do capital convertido em salário, pelo | |463| preço de compra do trabalho. É o gasto de sua força vital, a realização de suas faculdades produtivas, seu movimento, não o do capitalista. Considerado como função pessoal, em sua realidade, o trabalho é função do trabalhador e não do capitalista. Considerado do ponto de vista da troca, é o que o capitalista recebe dele no processo de trabalho, e não se apresenta como aquilo com que o capitalista o confronta no processo de trabalho. Assim, portanto, constitui-se uma oposição nas condições objetivas de trabalho, em que, no interior do próprio processo de trabalho, defrontam-se o capital e, portanto, a existência do capitalista, com as condições subjetivas de trabalho, com o próprio trabalho, ou melhor, com o *trabalhador* que trabalha. Do ponto de vista tanto do capitalista como do trabalhador, os *meios de produção* como existência do capital, como *eminently* [eminentemente] *capital*,

Karl Marx – Capítulo VI (inédito)

contrapõem-se ao trabalho, ou seja, ao outro elemento em que se transforma o capital antecipado e, por conseguinte, aparece também fora do processo de produção, δυνάμεί [em potência], como modo específico de existência do capital. Isso se desenvolve ainda mais, como será demonstrado, em parte pela natureza geral do processo capitalista de valorização (o papel desempenhado nele pelos meios de produção como absorvedores de trabalho vivo), em parte pelo desenvolvimento do modo de produção especificamente capitalista (em que a maquinaria etc. se torna o verdadeiro dominador do trabalho vivo). Assim, na base no processo de produção capitalista, ocorre essa *fusão indissociável* dos *valores de uso*, em que o capital existe na forma de *meios de produção*; e daí a determinação desses meios de produção, dessas *coisas*, como *capital* – que é uma relação de produção social determinada – do mesmo modo que, dentro desse modo de produção, o *produto* que nele se encontra é, em si e por si, considerado *mercadoria*. Isso forma a base para o fetichismo dos economistas políticos.

Segundo: Os meios de produção passam da circulação para o processo de trabalho na qualidade de *mercadorias* determinadas, por exemplo, como algodão, carvão, fusos etc. Entram na *figura de valor de uso* que tiveram enquanto ainda circulavam como mercadorias. Uma vez que tenham entrado no processo, passam a funcionar com as propriedades que correspondem aos seus valores de uso e que realmente lhes pertencem como coisas, algodão como algodão etc. A situação é diferente com aquela parte do capital que chamamos de *variável*, que somente por meio de sua troca com a *capacidade de trabalho* se transforma efetivamente na *parte variável do capital*. Considerado em sua figura real, o *dinheiro* – esta parte do capital –, que o capitalista gasta na compra de capacidade de trabalho, nada mais representa que os *meios de subsistência* presentes no *mercado* (ou lançados nele *within certain terms* [dentro de certos termos]), que vão para o consumo individual do trabalhador. O dinheiro é apenas a forma transformada desse meio de subsistência, que o trabalhador, assim que o recebe, transforma novamente em meio de subsistência. Essa transformação, como também o consumo dessas mercadorias como valores de uso, é um processo que nada tem a ver *imediatamente* com o processo de produção imediato, mais precisamente com o processo de trabalho, mas ocorre fora dele. Uma parte do capital e, por fim, o capital inteiro, transforma-se em *grandeza variável* pelo fato de que, em vez de *dinheiro*, uma grandeza de valor constante, ou *meio de subsistência*, no

Resultado do processo de produção imediato

qual ele pode ser representado – que, da mesma maneira, são grandezas de valor constante –, se obtém na troca a *capacidade viva de trabalho*, um elemento que cria valor e que, como elemento criador de valor, pode ser maior ou menor, pode apresentar-se como uma grandeza variável, e em geral, em todas as circunstâncias, entra como fator no processo de produção apenas como um *fluir*, um *devir* – e, portanto, contida *within different limits* [dentro de limites diferentes] –, e não como grandeza *que já se tornou*. Agora, na realidade, o consumo dos meios de subsistência pelos próprios trabalhadores pode ser compreendido (ser incluído) no processo de trabalho da mesma forma que o consumo de *matières instrumentales** [materiais instrumentais] pelas máquinas, por exemplo: de modo que o trabalhador aparece apenas como um instrumento comprado pelo capital, que para sua função no processo de trabalho de consumo exige o acréscimo de certa parcela de subsistência como seus *matières instrumentales*. Isso ocorre mais ou menos de acordo com a extensão e a brutalidade da exploração do trabalhador. No entanto, tal circunstância, nesse sentido estrito, não está conceitualmente contida na relação capitalista (veremos mais adiante no ad. 3 ao analisarmos a relação em seu conjunto). Em geral, o trabalhador consome sua subsistência durante a interrupção do processo imediato de trabalho, ao passo que a *máquina* consome aquilo de que necessita *enquanto está funcionando*. (Animal?) Mas então, considerando a classe trabalhadora como um todo, parte desse meio de subsistência é consumida pelos membros da família que ainda não trabalham ou deixaram de trabalhar. De fato, na prática, a diferença entre um trabalhador e uma máquina pode ser reduzida àquela entre o animal e a máquina, *quoad matières instrumentales* [relativo às matérias instrumentais], e seu consumo. Mas essa redução não é necessária e, portanto, não pertence à determinação conceitual do capital. Em todo o caso, a parte do capital despendida em salário aparece formalmente como parte *não mais* do capitalista, mas do *trabalhador*, assim que assume sua figura real, a dos meios de subsistência que entram no consumo do trabalhador. A *figura do valor de uso*, que ela possui como mercadoria antes de entrar no processo de produção – como *meio de subsistência* –, é inteiramente diferente da figura que assume no *interior* desse processo e que é a da *força de trabalho* que se

---

* *Matières instrumentales* é um termo apropriado por Marx do economista Antoine-Elisée Cherbuliez para designar os materiais necessários à operação e manutenção das máquinas. (N. T.)

expressa ativamente e, portanto, do *próprio trabalho* vivo. Isso distingue de maneira específica essa parte do capital ||464| daquela presente na figura dos meios de produção e essa é outra razão pela qual, com base no modo de produção capitalista, os *meios de produção* aparecem, em sentido eminente, *diferentemente* de e *em contraste* com os *meios de subsistência*, como capital em si e para si. Essa aparência se dissolve – prescindindo do que será desenvolvido posteriormente – simplesmente porque a *forma do valor de uso*, na qual o capital existe na conclusão do processo de produção, é a do *produto*, e esse produto existe tanto na forma de *meios de produção* quanto na de *meios de subsistência*, ambos estão, portanto, igualmente presentes como *capital* e, portanto, estão presentes em contraste com a capacidade de trabalho vivo.

Chegamos agora ao *processo de valorização*.

No que diz respeito ao *valor de troca*, fica novamente evidente a diferença entre a *mercadoria* e o capital envolvido no processo de valorização.

O *valor de troca* do capital que entra no processo de produção é menor que o valor de troca do capital lançado ou antecipado no mercado, pois é apenas o *valor das mercadorias* que entra no processo como meio de produção – isto é, o valor da parcela *constante* do capital que entra no processo de produção como *valor*. Em vez do valor da parte variável do capital, temos agora a *valorização* como processo, o trabalho envolvido no ato de valorização, que se realiza constantemente como valor, mas também fluindo além dos valores postos para a criação de novo valor.

No que diz respeito à conservação do *valor velho*, da parte do valor da parte constante, ela depende: de que o *valor* dos meios de produção que entram no processo não seja maior que o necessário, isto é, as mercadorias de que consistem apenas tenham objetivado o *tempo de trabalho socialmente necessário* para os fins de produção, por exemplo, os prédios, as máquinas etc. Cabe ao capitalista, ao comprar esses meios de produção – por exemplo, construções, máquinas etc. –, assegurar-se de que eles tenham como valores de uso a *average* [qualidade média] para a formação do produto, seja como matéria-prima, seja como máquinas etc., isto é, funcionem com *average* [qualidade média] e não se oponham ao trabalho, nem ao fator vivo, com quaisquer obstáculos incomuns, por exemplo, no que concerne à qualidade da matéria-prima, o que inclui também que a maquinaria utilizada etc. não ceda às mercadorias mais do que o *average déchet* [desgaste médio] etc. Tudo isso é tarefa do capitalista. Além do

Resultado do processo de produção imediato

mais, a preservação do valor do capital constante depende de ele ser consumido produtivamente na medida do possível e não desperdiçado, porque, do contrário, estaria contida no produto uma proporção maior de trabalho objetivado do que o *socialmente necessário*. Em parte, isso depende dos próprios trabalhadores, e aqui começa a *supervisão do capitalista*. (Ele sabe como garantir isso por meio do *task work* [trabalho por tarefa], deduções salariais.) Aliás, é mister que o trabalho seja feito de maneira adequada, de acordo com a finalidade, que a transformação dos meios de produção em produto se processe adequadamente, que o valor de uso que está em mente seja realizado de forma efetiva como resultado de forma *bem-sucedida*. Aqui, outra vez, vem a *supervisão* e *disciplina* do capitalista. Por fim, é preciso que o processo de produção não seja perturbado nem interrompido, e se realize efetivamente no produto dentro do prazo dado pela natureza do processo de trabalho e suas condições objetivas. (Período) Isso depende, por um lado, da *continuidade do trabalho* que ocorre com a produção capitalista. Mas, por outro, de coincidências externas incontroláveis. Nessa medida, em todo processo produtivo existe um risco para os valores que nele ingressam, risco a que 1) também estão sujeitos *fora* do processo produtivo e que 2) é inerente a *todo* processo produtivo, não apenas ao do capital. (O capital, no entanto, protege-se contra ele pela *associação*. O produtor imediato que trabalha com seus próprios meios de produção está sujeito ao mesmo risco. Não se trata de algo peculiar ao processo de produção capitalista. Se na produção capitalista esse risco recai sobre o capitalista, é apenas porque ele usurpou a propriedade dos meios de produção.)

No que concerne ao fator vivo do processo de valorização: 1) o *valor* do capital variável deve ser preservado substituindo-o, reproduzindo-o, isto é, adicionando um *quantum* de trabalho aos meios de produção igual ao valor do capital variável ou dos salários; 2) deve-se criar um *incremento* de seu valor, um mais-valor, mediante a objetivação no produto de um *quantum* de trabalho excedente acima do contido no salário, a objetivação de um *quantum adicional de trabalho*.

A isso corresponde a diferença entre o *valor de uso* do capital antecipado ou das mercadorias em que existia e a *figura do valor de uso do capital* em ||465| processo de trabalho, a *diferença* entre o *valor de troca* do capital antecipado e a manifestação [*Erscheinung*] do *valor de troca* do capital em processo de valorização, já que *ali* os meios de produção, o capital constan-

Karl Marx – Capítulo VI (inédito)

te, entram no processo na mesma *forma de valor de uso* que as mercadorias que a compõem tinham anteriormente, enquanto, no lugar dos *valores de uso* acabados, dos quais consistia o capital variável, se encontra o fator vivo da força de trabalho, do trabalho real, valorizando-se em novos valores de uso; e que *aqui* o *valor* dos meios de produção, o capital constante, como tal, entra no processo de valorização, enquanto o *valor* do capital variável não entra, mas é substituído pela atividade criadora de valor, a atividade do fator vivo que existe como um processo de valorização.

Para que o *tempo de trabalho* do trabalhador estabeleça valor em relação à sua duração, deve ser *tempo de trabalho socialmente necessário*. Isto é, o trabalhador deve realizar o *quantum social normal* de trabalho útil dentro de certo período, e o capitalista, portanto, o obriga a que seu trabalho tenha pelo menos o *grau médio* de intensidade social normal. Ele tentará aumentá-lo o máximo possível acima desse *mínimo* e extrair dele o máximo de trabalho possível em um determinado tempo, pois toda intensidade de trabalho acima do *grau médio* cria mais-valor para ele. Procurará ainda prolongar ao máximo o processo de trabalho além dos limites que devem ser trabalhados para repor o valor do capital variável, o salário. Dada a intensidade do processo de trabalho, ele se esforçará para aumentar sua duração tanto quanto possível e, uma vez dada a duração, se esforçará para aumentar sua intensidade. O capitalista *constrange* o trabalhador a dar ao seu trabalho o grau normal de intensidade, se possível um grau mais alto, e o constrange a prolongar seu processo de trabalho tanto quanto possível além do período necessário para repor os salários.

Por meio desse caráter peculiar do processo capitalista de valorização, a figura real do capital no processo de produção, sua *figura como valor de uso*, recebe novas modificações. *Em primeiro lugar*, os meios de produção devem estar disponíveis em uma *massa* suficiente não apenas para absorver o trabalho necessário mas também para absorver o mais-trabalho. *Em segundo lugar*, a intensidade e a extensão do processo de trabalho real se transformam.

Os meios de produção que o trabalhador usa no processo de trabalho real são de fato propriedade do capitalista e, como *capital*, conforme desenvolvido anteriormente, confrontam seu trabalho, que é sua própria exteriorização de vida [*Lebensäusserung*]. No entanto, é ele quem as aplica em seu trabalho. No processo de trabalho real, ele utiliza os meios de trabalho como condutor de seu trabalho e o objeto de trabalho como a

Resultado do processo de produção imediato

matéria na qual seu trabalho é representado. Dessa forma, ele transforma os meios de produção na forma de produto adequado a um fim. Mas as coisas são diferentes do ponto de vista do processo de valorização: não é o trabalhador que utiliza os meios de produção, mas os meios de produção que utilizam o trabalhador. Não é o trabalho vivo que se realiza no trabalho objetivado como seu órgão objetivo, mas é o trabalho objetivado que é mantido e aumentado pela absorção do trabalho vivo, e assim se torna *valor que se valoriza*, *capital*, e funciona como tal. Os meios de produção só aparecem como *absorvedores* de um maior *quantum* possível de trabalho vivo. O trabalho vivo aparece apenas como meio de valorização dos valores existentes e, portanto, de sua capitalização. E, prescindindo do que foi desenvolvido anteriormente, os meios de produção por isso mesmo aparecem novamente em oposição ao trabalho vivo como a existência do *capital* e, de fato, agora como o domínio do trabalho morto passado sobre o trabalho vivo. Propriamente como *formador de valor*, o trabalho vivo é continuamente incorporado ao processo de valorização do trabalho objetivado. Como esforço, como dispêndio de energia vital, o trabalho é a atividade pessoal do trabalhador. Mas, como *formador de valor*, como incorporado no *processo de sua objetivação*, o trabalho do trabalhador, tão logo entra no processo de produção, é ele mesmo um *modo de existência* do *valor-capital*, incorporado nele. Essa força de *preservação de valor* e de criação de *novo valor* é, por isso, a força do capital, e esse processo aparece como o processo de sua *autovalorização* e, também, como processo de empobrecimento do trabalhador, que, ao criar o valor, o cria como *valor que lhe é estranho* [*fremden*].

||466| Sobre a base da produção capitalista, essa capacidade do trabalho objetivado de se transformar em *capital*, ou seja, de transformar os meios de produção em meios de comando e exploração do trabalho vivo, aparece como pertencente a eles em si e para si, inseparável deles (estando sob essa base conectado δυνάμει [em potência]), portanto, como *propriedade* que lhes pertence *como coisas*, como *valores de uso*, *como meios de produção*. Estes aparecem, assim, em si e para si, como *capital* e, portanto, o capital, que expressa uma *determinada relação de produção*, uma determinada relação social, na qual, dentro da produção, os possuidores das condições de produção se defrontam com as capacidades vivas de trabalho como uma *coisa*; assim como o valor aparecia como propriedade de uma coisa e a *determinação econômica* da coisa como *mercadoria* como sua

Karl Marx – Capítulo VI (inédito)

qualidade de coisa; assim como a forma social que o trabalho assumia no dinheiro apresentava-se como *propriedades de uma coisa*. De fato, o domínio dos capitalistas sobre os trabalhadores é apenas o domínio das *condições de trabalho* que se tornaram autônomas ante o trabalhador (que, além das condições objetivas do processo de produção – *os meios de produção* –, também incluem as condições objetivas da manutenção e a eficácia da força de trabalho, ou seja, dos *meios de subsistência*) sobre o próprio *trabalhador*, embora essa relação só se realize no processo real de produção, que, como vimos, é essencialmente um *processo de produção de mais-valor*, que inclui a preservação do valor antigo, é um processo de *autovalorização do capital antecipado*. Na circulação, o capitalista e o trabalhador se encontram apenas como *vendedores de mercadorias*, mas, devido à natureza especificamente polar dos tipos de mercadorias que vendem um ao outro, o trabalhador necessariamente entra no processo de produção como um componente do *valor de uso*, da *existência real* e da *existência de valor* do capital, embora essa relação só se realize *no interior* do processo de produção, e o capitalista, que só existe como comprador de trabalho δυνάμει [em potência], só se torna *efetivamente* um *capitalista* quando o trabalhador – que *eventualiter* [eventualmente] foi transformado em *assalariado* pela venda de sua capacidade de trabalho – passa realmente a ser comandado pelo capital nesse processo. As *funções* desempenhadas pelo capitalista são apenas as funções do capital – do valor que se valoriza pela absorção do trabalho vivo – que são desempenhadas com *consciência* e *vontade*. O capitalista funciona apenas como capital *personificado*, capital como pessoa, assim como o trabalhador como *trabalho* personificado, que lhe pertence como tormento, como esforço, mas que pertence ao capitalista como substância criadora e potencializadora de riqueza, pois aparece como tal, de fato, como elemento incorporado ao capital no processo de produção, como seu fator vivo, variável. O domínio do capitalista sobre o trabalhador é, portanto, o domínio da coisa sobre o homem, do trabalho morto sobre o trabalho vivo, do produto sobre o produtor, pois de fato as mercadorias que servem de meio de domínio (mas apenas como meio do domínio dos próprios *capitais*) sobre os trabalhadores tornam-se meros resultados do processo de produção, que são produtos dele mesmo. É exatamente *a mesma relação* na produção material, no processo real da vida social – pois esse é o processo de produção – que se apresenta no campo ideológico da *religião*, a inversão do sujeito em objeto e vice-versa. Considerada

Resultado do processo de produção imediato

historicamente, essa inversão aparece como o ponto de transição necessário para promover coercitivamente, à custa da maioria, a criação da riqueza como tal, isto é, o desenvolvimento implacável das forças produtivas do trabalho social, as únicas que podem constituir a base material de uma sociedade humana livre. Deve-se passar por essa forma antagônica, assim como o homem deve primeiro figurar religiosamente seus poderes espirituais como poderes independentes em relação a si mesmo. É o *processo de estranhamento* [*Entfremdungsproceß*] de seu próprio trabalho. Nesse aspecto, o trabalhador está desde o início em posição superior à do capitalista, pois este está enraizado nesse processo de estranhamento e encontra nele sua satisfação absoluta, enquanto o trabalhador, como sua vítima, está em uma relação de rebeldia desde o início e sente isso como um processo de servidão. Na medida em que o processo de produção é, ao mesmo tempo, um processo de trabalho real e o capitalista tem que desempenhar uma função na produção real como *supervisor* e *diretor* dela, sua atividade ganha, ||467| na verdade, um conteúdo específico e múltiplo. Mas o próprio *processo de trabalho* só aparece como *meio do processo de valorização*, assim como o valor de uso do produto apenas como portador de seu valor de troca. A autovalorização do capital – a criação de mais-valor – é, portanto, a finalidade determinante, predominante e hegemônica do capitalista, o impulso absoluto e o conteúdo de suas ações, de fato apenas o impulso racionalizado e a finalidade do entesourador – um conteúdo mesquinho e abstrato que, de outro ângulo, faz o capitalista aparecer sob a mesma servidão em relação ao capital, assim como do outro lado, no polo oposto, aparece o trabalhador.

A relação originária em que o *would be capitalist* [aquele que aspira a tornar-se capitalista] compra *trabalho* (de acordo com o capítulo IV, podemos dizer assim em vez de *capacidade de trabalho*) do trabalhador para capitalizar um valor monetário, e o trabalhador vende a disposição de sua capacidade de trabalho, de seu trabalho, para manter a vida, constitui a introdução e a condição necessárias – contidas em si mesmas – da relação agora desenvolvida no processo de produção real, em que o proprietário da mercadoria se torna o capitalista, capital personificado, e o trabalhador se torna a mera personificação de trabalho para o capital. Do mesmo modo que aquela primeira relação, na qual os dois parecem enfrentar-se como *proprietários de mercadorias*, era o pressuposto, assim também é, como veremos mais adiante, resultado e produto do processo

61

Karl Marx – Capítulo VI (inédito)

de produção capitalista. Mas, por conseguinte, um e outro ato devem ser mantidos separados. O primeiro pertence à circulação. O segundo só se desenvolve com base no primeiro, no processo de produção real.

O processo de produção é uma unidade *imediata* de processo de trabalho e processo de valorização, assim como seu resultado imediato, a mercadoria, é uma unidade *imediata* de valor de uso e valor de troca. No entanto, o processo de trabalho é apenas um meio do processo de valorização, e o processo de valorização como tal é essencialmente a *produção de mais-valor*, isto é, o *processo de objetivação do trabalho não remunerado*. Isso determina de maneira específica o caráter global do processo de produção.

Ao considerarmos o processo de produção de dois pontos de vista diferentes, 1) como *processo de trabalho*, 2) como *processo de valorização*, fica evidente que ele é apenas um processo de trabalho, único e indivisível. Não se trabalha duas vezes, primeiro para criar um produto em conformidade a um fim, um valor de uso, para *transformar* os meios de produção em produtos, e depois para criar *valor* e *mais-valor*, para *valorizar o valor*. O trabalho é acrescentado apenas na forma, na maneira, no modo de existência determinado, concreto, específico, no qual a atividade com vistas a uma finalidade transforma os meios de produção em um produto determinado, por exemplo, fuso e algodão transformados em *fio*. É apenas o trabalho de fiação etc. que é adicionado e que continuamente produz mais fio à medida que é adicionado. Esse trabalho *real* cria valor na medida em que possui determinado grau de intensidade normal (ou apenas *rende*, na medida em que o possui) e na medida em que esse *trabalho real* de dada intensidade se materializa no produto em quantidades determinadas, medidas pelo tempo. Se *o processo de trabalho cessasse* no ponto em que o *quantum* de trabalho adicionado na forma de fiação etc. fosse = ao *quantum* de trabalho contido nos salários, não seria produzido mais-valor. O *mais-valor*, portanto, também se apresenta em um *mais-produto* [*Mehrproduct*], aqui como um *quantum* de fio superior ao *quantum* cujo valor = valor do salário. O processo de trabalho aparece, portanto, como um processo de valorização, porque o trabalho concreto adicionado a ele é um *quantum* de *trabalho socialmente necessário* (conforme sua intensidade), = a certo *quantum* de trabalho social médio, pois esse *quantum* representa, além daquele contido nos salários, um *quantum adicional*. Esse é o cálculo *quantitativo* do trabalho concreto particular como *trabalho social médio necessário*, um cálculo que, no entanto, corresponde ao fator

Resultado do processo de produção imediato

[*das Moment*] real da intensidade normal do trabalho (o fato de que empregue apenas o tempo de trabalho socialmente necessário para produzir certo *quantum* de produto) e ao prolongamento do processo de trabalho além de sua *duração* necessária para repor o valor do capital variável.

||468| Do que foi desenvolvido anteriormente, segue-se que a expressão "*trabalho objetivado*" e a contraposição do capital como *trabalho objetivado* com o *trabalho vivo* estão sujeitas a interpretações muito errôneas.

Já mostrei[3] anteriormente que a análise da mercadoria em termos de "*trabalho*" por todos os economistas anteriores é ambígua e incompleta. Não basta reduzi-la ao "trabalho"; o trabalho deve ser considerado na forma dupla na qual ele se apresenta: por um lado, como *trabalho concreto* no *valor de uso da mercadoria* e, por outro, calculado como trabalho *socialmente necessário* no valor de troca. Do primeiro ponto de vista, tudo depende de seu valor de uso particular, de seu caráter específico, que confere a marca específica ao valor de uso que cria e o torna um valor de uso concreto distinto dos demais em determinado artigo. No entanto, sua utilidade particular, sua natureza e maneira específicas, são totalmente abstraídas, na medida em que são calculadas como um elemento criador de valor, ou a mercadoria é calculada como sua objetivação. Como tal, é trabalho indiferenciado, *socialmente necessário, geral*, completamente indiferente a qualquer conteúdo particular, uma vez que em sua expressão autônoma, no *dinheiro*, na mercadoria como *preço*, obtém uma expressão comum a todas as mercadorias e somente diferençável pela quantidade. Em seu primeiro aspecto, a coisa se manifesta como determinado *valor de uso* da mercadoria, em sua determinada *existência coisificada* [*dinglichen*], e, em seu segundo aspecto, como *dinheiro*, seja este dinheiro de fato ou, no preço da mercadoria, mera moeda de cálculo. No primeiro aspecto, trata-se exclusivamente da *qualidade*; no segundo, apenas da *quantidade* de trabalho. No primeiro aspecto, a diferença do trabalho concreto se apresenta na divisão do trabalho; no segundo, em sua expressão monetária indiferenciada. No interior do processo de produção, essa diferença nos confronta *ativamente*. Já não somos nós que a fazemos, mas ela se faz no próprio processo de produção.

A diferença entre *trabalho objetivado* e *trabalho vivo* se mostra no *processo real de trabalho*. Os meios de produção, por exemplo, algodão e fusos etc., são produtos, valores de uso, nos quais se *incorporam* certos trabalhos

---

[3]   Sem esta confusão, não haveria sequer disputa se, além do trabalho, a natureza também contribui para o produto. Isso se refere apenas ao trabalho *concreto*.

63

Karl Marx – Capítulo VI (inédito)

úteis, concretos, como a construção de máquinas, o cultivo de algodão etc., enquanto o *trabalho de fiação* aparece no processo não apenas como um trabalho especificamente diferente do trabalho contido nos meios de produção mas como trabalho vivo, trabalho que está sendo realizado e que expele, constantemente, seu produto, em oposição aos trabalhos já objetivados em seus produtos peculiares. Desse ponto de vista, também se apresenta uma oposição entre, por um lado, o modo de existência [*Dasein*] presente do capital, e por outro, o trabalho vivo, sobretudo como dispêndio de vida do trabalhador. Além disso, no processo de trabalho, o trabalho objetivado aparece como o elemento, o fator [*das Moment*] *objetivo*, para a *realização do trabalho vivo*.

Todavia, a questão parece bem diferente quando se considera o processo de valorização, a formação e a criação de novo valor.

O trabalho aqui incluído nos meios de produção é um determinado *quantum de trabalho social geral* e, portanto, é representado por certa *grandeza de valor* ou *soma de dinheiro, in fact* [de fato], no *preço* desses meios de produção. O trabalho agregado é um *determinado quantum adicional de trabalho social geral* e se apresenta como uma *grandeza de valor* e uma *soma de dinheiro* adicionais. O trabalho já contido nos meios de produção é o mesmo que o trabalho recém-adicionado. Diferem apenas pelo fato de que um está *objetivado* em valores de uso e o outro está no processo dessa *objetivação*, um passado, o outro presente, um morto, o outro vivo, um *objetivado* no pretérito perfeito, o outro se *objetivando* no presente. Na medida em que o trabalho passado substitui o trabalho vivo, torna-se ele mesmo um processo; *ele se valoriza*, torna-se um fluxo que cria uma fluxão. Essa absorção de trabalho vivo adicional constitui seu *processo de autovalorização*, sua *transformação* real em *capital*, | |469| em valor que valoriza a si mesmo, sua transformação de *grandeza constante de valor* em grandeza de valor variável e *em processo*. É certo que esse trabalho adicional só pode ser acrescentado na figura de trabalho concreto e, portanto, só pode ser acrescentado aos meios de produção em sua figura específica como valores de uso particulares, e o valor contido nesses meios de produção só é *conservado* por intermédio de seu consumo como meio de trabalho através do trabalho concreto. No entanto, isso não impede que o *valor existente*, o trabalho *objetivado* nos meios de produção, aumente não apenas além de seu próprio *quantum* mas também além do *quantum* de trabalho objetivado em capital variável, e aumente à medida que absorve trabalho vivo, e isso se objetiva como *dinheiro*, como *trabalho social*

Resultado do processo de produção imediato

geral. É, portanto, *eminently* [eminentemente] nesse sentido – concernente ao *processo de valorização* – que a finalidade autêntica da produção capitalista, que o capital como trabalho objetivado (*accumulated labor, preexistent labor and so forth* [trabalho acumulado, trabalho preexistente e assim por diante]) se contrapõe e é contraposto pelos economistas ao trabalho vivo (*immediate labor* [trabalho imediato] etc.). Mas aqui eles constantemente caem em contradição e ambiguidade – inclusive David Ricardo – porque não elaboraram com clareza a análise da mercadoria sobre a base do trabalho em sua dupla forma.

Pelo processo originário de troca entre capitalista e trabalhador – como possuidores de mercadorias – apenas o fator vivo, a capacidade de trabalho, entra no processo de produção como um fator da figura real do capital. Mas é somente no próprio processo de produção que o *trabalho objetivado* se transforma em *capital* pela absorção do trabalho vivo e, portanto, apenas assim o *trabalho se transforma em capital*.

Nota: O que é ensinado das *p. 96 a 107* sob a rubrica: *"O processo de produção imediato"* deve ser reintegrado aqui, é preciso fundi-lo com o anterior e retificar ambos um pelo outro. *Ditto* [igualmente] reintegrar aqui p. 262-64 deste livro.

||469a| *Isso pertence à p. 469**

6) *O processo de produção imediato*

O processo de produção capitalista é uma unidade do processo de trabalho e do processo de valorização. Para transformar dinheiro em capital,

---

*   Na margem superior da primeira página deste fragmento (p. 469a) está a anotação manuscrita de Marx: "Isto vai para a p. 496" (trata-se de um equívoco de Marx, que na verdade desejava escrever p. 469). Além disso, imediatamente abaixo do primeiro parágrafo, que é cancelado com quatro barras diagonais, Marx inseriu a inscrição: "6. O processo de produção imediato". O texto do parágrafo excluído é o seguinte: "[...] de fato, o capital, por meio do qual se adquire a capacidade de trabalhar, consiste praticamente em meios de subsistência, ainda que esses meios de subsistência cheguem ao trabalhador por meio do dinheiro. À pergunta: 'O que é o capital?', ele também poderia responder, com os partidários do sistema monetário: o capital é dinheiro. De fato, se no processo de produção o capital existe materialmente na forma de matérias-primas, ferramentas de trabalho e assim por diante, no processo de circulação ele existe na forma de dinheiro. Com a mesma lógica, à pergunta: 'O que é um trabalhador?', um economista antigo deveria ter respondido: um trabalhador é um escravo (já que o escravo era o trabalhador do antigo processo de trabalho)". (N. T.)

Karl Marx – Capítulo VI (inédito)

deve-se transformá-lo em mercadorias, que constituem *fatores do processo de trabalho*. Primeiro, usa-se o dinheiro para comprar *capacidade de trabalho* e, em segundo lugar, *coisas* sem as quais a capacidade de trabalho não pode ser usada, ou seja, não se pode *trabalhar*. No interior do *processo de trabalho*, essas coisas não têm outro sentido fora o de servir de *meios de subsistência do trabalho, valores de uso do trabalho* – em relação ao próprio trabalho vivo, o de servir de materiais e meios, em relação ao produto do trabalho, o de servir de meios de produção, em relação a esses próprios meios de produção que já são produtos, o de servir de produtos enquanto meios de produção de um novo produto. Mas essas coisas não desempenham esse papel no processo de trabalho porque o capitalista as compra, porque são a forma transformada de seu dinheiro; pelo contrário, ele as compra porque desempenham esse papel no processo de trabalho. Para o processo de fiação como tal, é indiferente, por exemplo, que o algodão e o fuso *representem* o dinheiro do capitalista, isto é, o *capital*, assim como que o dinheiro gasto seja, segundo sua determinação, capital. O algodão e o fuso tornam-se matéria e meio de trabalho apenas nas mãos do fiandeiro trabalhador, e tornam-se tais pelo fato de ele fiar, não porque fia o algodão pertencente a outra pessoa, com um fuso pertencente a essa mesma pessoa, em fio para essa pessoa. Como as mercadorias são usadas ou consumidas produtivamente no processo de trabalho, elas não se tornam capital, mas elementos do processo de trabalho. Na medida em que esses elementos objetivos do processo de trabalho são comprados pelo capitalista, eles representam seu capital. Mas isso também se aplica ao trabalho. Também representa seu capital, porque o comprador da capacidade de trabalho possui o trabalho tanto quanto as condições objetivas do trabalho que comprou. E não apenas os elementos singulares do processo de trabalho mas todo o processo de trabalho pertence a ele. O capital, que antes existia sob a forma de dinheiro, agora existe sob a forma de processo de trabalho. No entanto, pelo fato de o capital ter-se apoderado do processo de trabalho, e, consequentemente, pelo fato de o trabalhador trabalhar para o capitalista e não para si mesmo, o processo de trabalho não muda em nada sua *natureza geral*. Pelo fato de o dinheiro se transformar em fatores do processo de trabalho quando se transforma em capital, e assumir necessariamente a figura de material de trabalho e meios de trabalho, o material de trabalho e os meios de trabalho não se tornam por natureza *capital*, assim como ouro e prata não se tornam por

Resultado do processo de produção imediato

natureza *dinheiro*, muito embora o dinheiro, entre outras coisas, passe a ser representado por ouro e prata. Mas os mesmos economistas modernos que riem da simplicidade do sistema monetário e que à pergunta: "o que é dinheiro?" respondem: "ouro e prata" não têm escrúpulos para lidar com a pergunta: "o que é capital?" com a resposta: "capital é algodão". Não dizem nada de diferente quando explicam que a matéria-prima de trabalho e os meios de trabalho, meios de produção ou produtos que são usados para uma nova produção – em suma, as *condições objetivas de trabalho* –, são por natureza *capital*, são capital na medida em que servem, por meio de suas propriedades materiais, de valores de uso no processo de trabalho. É perfeitamente normal que outros acrescentem: "capital é carne e pão", pois, embora o capitalista compre capacidade de trabalho com dinheiro, esse dinheiro na verdade só fornece pão, ||469b| carne, em suma, os meios de subsistência do trabalhador[127]. Uma cadeira com quatro pernas e revestida de veludo

---

[127] "Capital *is that part of the wealth of a country which is employed in production, and consists of food, clothing, tools, raw materials, machinery, etc. necessary to give effect to labour*" [*Capital* é a parte da riqueza de um país que é empregada na produção e consiste em alimentos, roupas, ferramentas, matérias-primas, máquinas etc., necessários para efetuar o trabalho] (David Ricardo, l.c., p. 89.); "Capital *is a portion of the national wealth, employed or meant to be employed, in favouring reproduction*" [O *capital* é uma parcela da riqueza nacional, empregada ou destinada a ser empregada, em favor da reprodução] (G. Ramsay, l.c., p. 21.); "Capital ... *a particular species of wealth ... destined ... to the obtaining of other articles of Utility*" [*Capital*... uma espécie particular de riqueza... destinada... à obtenção de outros artigos de utilidade] (Torrens, 1.c., p. 5.); "Capital... *produits... comme moyens d'une nouvelle production*" [*Capital*... produzido... como meio de uma nova produção] (Senior 1.c., p. 318.); "*Lorsqu'un fonds est consacré à la production materielle, il prend* le nom de capital" [Quando se consagra um fundo à produção material, ele toma *o nome de capital*] (t. I. Storch, *Cours d'Ec. Polit.*, Paris edição de 1823, p. 207.); "*Le* capital *est cette portion de la richesse* produite *qui est destinée à la reproduction*" [O *capital* é essa porção da riqueza *produzida* que é destinada à reprodução] (Rossi, *Cours d'Ec. Polit.*, 1836, edição de Bruxelas 37, 1842, p. 364). Rossi luta com a "dificuldade" para saber se a "matéria-prima" também pode ser contada como capital. Pode-se distinguir entre "*capital-matière*" [capital-matéria] e "*capital-instrument*" [capital-instrumento], mas "est-ce (la matière première) vraiment là un instrument de production? N'est-ce pas plutôt l'objet sur lequel les instrument producteurs doivent agir?" [esta (matéria-prima) é verdadeiramente um instrumento de produção? Não seria tanto mais o objeto sobre os quais os instrumentos de produção devem agir?] (p. 367). Ele não percebe, uma vez que ele confunde capital com sua forma fenomênica material e que chama as condições objetivas do trabalho simplesmente de capital, que, em relação ao próprio trabalho, elas diferem como material de trabalho e meio de trabalho, mas que, em relação

Karl Marx – Capítulo VI (inédito)

representa um *trono* sob certas circunstâncias; portanto, essa cadeira, uma coisa para sentar, não é um trono pela natureza de seu valor de uso. O fator mais essencial no processo de trabalho é o próprio trabalhador, e, no processo de produção antigo, esse trabalhador é um escravo. Disso não decorre que o trabalhador seja por natureza um *escravo* – embora essa última visão não seja inteiramente alheia a *Aristóteles* –, assim como do fato de fusos e algodão serem hoje consumidos pelo *trabalhador* assalariado no processo de trabalho não se depreende que sejam, por natureza, *capital*. Essa loucura, que toma determinada *relação de produção social*, que se representa nas coisas, como propriedade natural material dessas próprias coisas, salta à vista quando abrimos o primeiro manual de economia que nos vem às mãos e lemos logo na primeira página que os elementos dos processos de produção, reduzidos à sua forma mais geral, são terra, capital e trabalho[128]. Pode-se dizer igualmente que são *propriedades fundiárias*, facas, tesouras, fusos, algodão, milho, enfim, *materiais e ferramentas de trabalho* e – *trabalho assalariado*. Por um lado, citam-se os elementos do processo de trabalho misturados aos *caracteres sociais específicos* que eles possuem em determinado estágio do desenvolvimento *histórico*; e, por outro, acrescenta-se um elemento que pertence ao *processo de trabalho* independentemente de qualquer forma social determinada, como processo eterno entre o homem e a natureza. (Veremos mais adiante que essa ilusão dos economistas, que confunde a apropriação do processo de trabalho pelo capital com o próprio processo de trabalho e, portanto, transforma em capital os *elementos objetivos* do processo de trabalho, porque o capital, entre outras coisas, também se transforma nos elementos objetivos do processo de trabalho – veremos como essa ilusão, que perdurou entre os economistas clássicos apenas enquanto eles conside-

---

a esses produtos, são igualmente meios de produção, assim como ele chama o capital (p. 372) por excelência *"moyens de production"* [meios de produção]. *"Il n'y a aucune différence entre un* capital *et toute autre parcela de richesse: c'est seulement par l'emploi qui en est fait, qu'une* chose *devient* capital, *c.-à-d. lorsqu'elle est employée dans une opération productive, comme matière première, comme instrument ou comme approvisionnement"* [Não existe diferença nenhuma entre um *capital* e qualquer outra porção da riqueza: uma *coisa* se transforma em *capital* tão somente pelo uso que dela se faz, isto é, quando é empregada em uma operação produtiva como matéria-prima, como instrumento ou como aprovisionamento] (Cherbuliez, *Riche ou Pauvre*, Paris, 1841, p. 18).

[128] Ver, por exemplo, John Stuart Mill, *Principles of Political Economy*, v. I, b. I., 1848 [ed. bras.: *Princípios de economia política*, 2. v., trad. Luiz João Baraúna, São Paulo, Nova Cultural, 1988].

Resultado do processo de produção imediato

raram o processo de produção capitalista exclusivamente do ponto de vista do processo de trabalho e que, portanto, foi corrigida no desenvolvimento posterior, decorre da própria natureza do processo de produção capitalista. De imediato, esse é um método muito conveniente para provar a eternidade do modo de produção capitalista ou para fazer do *capital* um *elemento natural imperecível* da produção humana em geral. O trabalho é uma condição natural eterna da existência humana. O processo de trabalho nada mais é do que o próprio trabalho, considerado no instante de sua atividade criadora. Os fatores [*die Moment*] gerais do processo de trabalho são, portanto, independentes de qualquer desenvolvimento social específico. Meios de trabalho e materiais de trabalho, alguns dos quais já são produtos de trabalhos anteriores, desempenham seu papel em todos os processos de trabalho em todas as épocas e em todas as circunstâncias. Portanto, se lhes atribuo o nome de *capital*, confiante em que *"semper aliquid haeret"* [sempre algo restará], terei *provado* que a existência do capital é uma lei eterna da natureza da produção humana, e que o quirguize* que corta os juncos com uma faca roubada dos russos e tece seu barco com esses juncos é tão capitalista quanto Herr von Rothschild. Do mesmo modo, poderia provar que gregos e romanos comungavam porque bebiam vinho e comiam pão e que os turcos se borrifavam com água benta católica todos os dias porque se lavavam todos os dias. É o tipo de bobagem impertinentemente rasa que pode ser encontrada, com presunçosa importância, não apenas em um Frédéric Bastiat, ou nos tratadozinhos econômicos da *Society for the Advancement of Useful*** ou nos escritos infantis de uma *mother* [mãe] *Martineau****, mas

---

* Povo do nordeste da Ásia Central, que constituiu parte das Repúblicas Socialistas Soviéticas. Originariamente nômades, passaram a habitar a atual região na primeira metade do século XIX. Na segunda metade do mesmo século, caem sob o jugo do colonizador russo, que lhes toma as melhores terras. Apenas após a Revolução de 1917 os quirquizes foram reconhecidos enquanto entidade nacional e política. (N. T.)

** Marx se refere aqui provavelmente à *Society for the Difusion of Useful Knowledge*, criada ao fim da década de 1820, que possuía a finalidade de publicar artigos populares destinados aos trabalhadores, sobretudo sobre economia política. (N. T.)

*** Harriet Martineau (1802-1876) foi autora de contos "didáticos" que tentavam oferecer uma explicação ficcional dos conflitos causados pela Revolução Industrial na sociedade inglesa. Marx citou criticamente um trecho de seu escrito *The Manchester Strike* (1832), em *O capital: crítica da economia política*, Livro I: *O processo de produção do capital* (trad. Rubens Enderle, São Paulo, Boitempo, 2013), p. 710. Reproduzimos aqui a passagem: "Nós, fabricantes, fazemos por vós o que podemos, multiplicando o capital de que

Karl Marx – Capítulo VI (inédito)

até mesmo | |469c| difundido por escritores técnicos especializados. Em vez de provar a eterna necessidade natural do capital dessa maneira, como se pretende, *nega-se* sua necessidade mesmo para um estágio histórico específico de desenvolvimento do processo de produção social, porque à afirmação de que o capital nada mais é que material de trabalho e meio de trabalho ou de que os elementos objetivos do processo de trabalho são por natureza capital replicar-se-á com razão que é necessário capital, mas não capitalistas, ou que capital não passa de um *nome* inventado para enganar as massas[129].)

A incapacidade de compreender o processo de trabalho de forma independente e, ao mesmo tempo, como um aspecto do processo de produção capitalista se mostra ainda mais contundente quando o sr. Francis *Wayland* nos diz, por exemplo, que a matéria-prima é *capital* e que se torna um *produto* por meio de sua elaboração. O couro seria assim *produto* do curtidor e *capital* do sapateiro. Matéria-prima e produto são

---

necessitais para subsistir; e a vós cabei fazer o restante, ajustando vosso número aos meios de subsistência". (N. T.)

[129] "Dizem-nos que o trabalho não pode dar um passo sem o capital, que a pá é tão importante para o homem que escava quanto seu trabalho, que o capital é, portanto, tão necessário à produção quanto o próprio trabalho. O trabalhador sabe de tudo isso; essa verdade vem diante dele diariamente; mas essa interdependência entre capital e trabalho nada tem a ver com a posição relativa do capitalista e do trabalhador; nem prova que o primeiro deve ser mantido pelo segundo. O capital nada mais é do que produção não consumida, e todo capital que existe neste momento existe independentemente de, e de modo algum é idêntico a, qualquer indivíduo ou classe particular, e, se todos os capitalistas e ricos da Grã-Bretanha subitamente morressem e fossem sepultados, nem uma única partícula de riqueza ou capital desapareceria com eles nem a nação seria empobrecida sequer pelo valor de um *farthing* [um quarto de *penny*]. É o capital, não o capitalista, o essencial para as operações dos produtores; e há uma diferença tão grande entre esses dois quanto há entre o carregamento do navio e o conhecimento de embarque." (J. F. Bray, *Labour's Wrongs and Labour's Remedy* etc., Leeds, 1839, p. 59.) "Capital *is a sort of* cabalistic word *like church or state, or any other of those general terms which are invented by those who fleece the rest of mankind to conceal the hand that shears them*" [*Capital* é uma espécie de *palavra cabalística* como igreja ou estado, ou qualquer outro desses termos gerais que são inventados por aqueles que tosquiam o resto da humanidade para esconder a mão que os tosquia] (*Labour Defended against the Claims of Capital* etc., Londres, 1825, p. 17). O autor desse trabalho anônimo é *Th. Hodgskin*, um dos mais importantes economistas ingleses modernos. Sua obra citada, cuja importância ainda é reconhecida (ver, por exemplo, John Lalor: *Money and Morals* etc., Londres, 1852), evocou, alguns anos após sua publicação, a refutação anônima de Lord *Brougham*, que é tão superficial quanto as outras conquistas econômicas desse tagarela.

Resultado do processo de produção imediato

ambas determinações que pertencem a uma *coisa* em relação ao *processo de trabalho*, e nada têm a ver com sua determinação de ser *capital* em si e por si, embora tanto a matéria-prima quanto o produto representem *capital* tão logo os capitalistas se tenham apoderado do processo de trabalho[130]. (O sr. *Proudhon* explorou isso com sua "profundidade" habitual. "Como o *conceito de produto* se transforma repentinamente no *conceito de capital*? Pela *ideia de valor*. Isso significa que o produto, para se tornar capital, passou por uma autêntica apreciação do valor, foi comprado ou vendido, seu preço debatido e fixado por algum tipo de convenção legal. Esse couro, como vem do matadouro, é *produto do matadouro*. Esse couro é comprado pelo curtidor? Imediatamente ele o acrescenta ou acrescenta seu valor ao seu fundo de exploração. Por meio do trabalho do curtidor, esse *capital* volta a ser *produto*". O sr. Proudhon se distingue pelo aparato da falsa metafísica, com o qual ele primeiro insere as ideias elementares mais comuns como capital em seu "fundo de exploração" e depois as vende ao público como um "produto" grandiloquente. A questão de como o *produto* se transforma em *capital* é um absurdo por si só, mas vale a pena perguntar pela resposta. Com efeito, o sr. Proudhon apenas nos conta os dois fatos bastante conhecidos, primeiro, que os produtos às vezes são processados como matéria-prima, e, segundo, que os *produtos* são ao mesmo tempo *mercadorias*, isto é, possuem um *valor* que, antes que possa ser realizado, deve passar pela prova de fogo do debate entre comprador e vendedor. O mesmo "filósofo" comenta: "*La différence pour la société, entre capital et produit n'existe pas. Cette différence est toute subjective aux individus*" [A diferença para a sociedade entre capital e produto não existe. Essa diferença é de todo subjetiva, existe para os indivíduos]. Ele chama a forma social abstrata de "subjetiva" e sua abstração subjetiva ele chama de "sociedade".)

---

[130] "*The material which ... we obtain for the purpose of combining it with* our own (!) *industry, and forming it into a product, is called* capital, *and, after the labour has been exerted, and the value created, it is called a* product. *Thus, the same article may be* product *to one, and* capital *to another. Leather is the product of the currier, and the capital of the Shoemaker*" [O material que... obtemos com o propósito de combiná-lo com *nossa própria* (!) indústria, e transformá-lo em um produto, é chamado de *capital*, e, depois que o trabalho foi exercido e o valor criado, ele é chamado de *produto*. Assim, o mesmo artigo pode ser *produto* para um e *capital* para outro. O couro é o produto do curtidor e o capital do sapateiro.] (F. Wayland, l.c., p. 25) (Segue-se a porcaria de Proudhon acima mencionada, citando: *Gratuité du Crédit: Discussion entre M. Fr. Bastiat et M. Proudhon*, Paris, 1850, p. 179, 180, 182).

Karl Marx – Capítulo VI (inédito)

Se o economista, conquanto considere o processo de produção capitalista unicamente do ponto de vista do *processo de trabalho*, declara que o capital é uma simples *coisa* – matéria-prima, instrumento etc. –, então lhe ocorre novamente que o processo de produção é também um processo de valorização e aquelas coisas referentes ao processo de valorização só são consideradas como *valor*. "O mesmo capital existe ora na forma de uma soma de dinheiro, ora na forma de matéria-prima, instrumento, mercadoria acabada. Essas *coisas* não são realmente o *capital*; ele reside no *valor* que elas têm"[131]. Na medida em que esse valor "se conserva, não mais desaparece, se multiplica, se desprende da mercadoria ||469d| que o criou e, como uma qualidade metafísica e privada de substância, permanece sempre na posse do mesmo produtor (isto é, do capitalista)"[132], o que vinha sendo declarado *coisa* agora é declarado uma "*commercielle Idee*" [ideia comercial][133].

O produto do processo de produção capitalista não é um mero *produto* (valor de uso) nem uma mera *mercadoria*, isto é, produto que tem valor de troca. Seu *produto específico* é o *mais-valor*. Seus produtos são *mercadorias* que possuem maior valor de troca, isto é, representam mais trabalho do que foi adiantado para sua produção, na forma de dinheiro ou mercadorias. No processo de produção capitalista, o *processo de trabalho* aparece apenas como meio; o *processo de valorização* ou *produção de mais-valor*, como fim. Assim que o economista se lembra disso, o capital é explicado como a riqueza que é usada na produção para obter "lucro"[134].

---

[131] J. B. Say. CI t. II p. 429 nota. Quando Carey diz "Capital... *all articles possessing exchangeable value*" [*Capital*... todos os artigos que possuem valor de troca] (H. C. Carey. *Prin. of P. Ec.* Part I, Philadelphia, 1837, p. 294), isso recai na explicação do capital que já tínhamos mencionado no primeiro capítulo: "*Capital – is commodities*" [Capital – é mercadoria], definição que se refere apenas ao aparecimento do capital no processo de circulação.

[132] [Jean-Charles-Léonard Simonde] Sismondi, *Nouv. Prine*, etc., t. I. p. 89.

[133] "*Le capital est une idée commerciale*" [O capital é uma ideia comercial], [Jean-Charles-Léonard Simonde] Sismondi, Études etc., t. II. p. 273.

[134] "*Capital. That portion of the stock of a country which is kept or employed with a view to profit in the production and distribution of wealth*" [*Capital*. A porção do estoque de um país que é mantida ou empregada com o objetivo de lucrar na produção e distribuição de riqueza] (T. R. Malthus, *Definitions in Political Economy*, nova edição etc., por John Cazenove, Londres, 1853, p. 10). "*Capital der Theil des zur Production und generally for the purpose of obtaining profit employed wealth*" [Capital a parte da riqueza empregada para a produção e geralmente com o propósito de obter lucro] (Th. Chalmers, *On Political Econominc* etc., Londres, 1832. 2. ed., p. 75.)

Resultado do processo de produção imediato

Vimos que a transformação do dinheiro em capital se divide em dois processos independentes, que pertencem a esferas inteiramente distintas e existem de modo separado um do outro. O primeiro processo pertence à esfera da *circulação de mercadorias* e, portanto, ocorre no *mercado de mercadorias*. É a *compra e venda de capacidade de trabalho*. O segundo processo consiste no *consumo da capacidade de trabalho adquirida*, isto é, o próprio *processo de produção*. No primeiro processo, capitalista e trabalhador se confrontam apenas como possuidores de dinheiro e possuidores de mercadorias, e sua transação, como aquela entre todos os compradores e vendedores, é uma troca de equivalentes. No segundo processo, o trabalhador aparece *pro tempore* [transitoriamente] como componente vivo do próprio capital, e a categoria de troca é aqui inteiramente excluída, pois o capitalista se apropria, por meio da compra, de todos os fatores do processo de produção, materiais e pessoais, antes de esse processo começar. Mas, embora ambos os processos existam de maneira autônoma um ao lado do outro, eles se condicionam mutuamente. O primeiro inicia o segundo e o segundo realiza o primeiro.

O primeiro processo, a *compra e venda da capacidade de trabalho*, mostra-nos o capitalista e o trabalhador apenas como compradores e vendedores de mercadorias. O que distingue o trabalhador de outros vendedores de mercadorias é apenas a *natureza específica*, o *valor de uso específico* da mercadoria que vende. Mas o valor de uso particular da mercadoria não altera a determinidade da forma econômica da transação nem o fato de o comprador representar dinheiro e o vendedor representar mercadoria. Para *demonstrar*, portanto, que a relação entre capitalista e trabalhador não é senão uma relação entre proprietários de mercadorias que, em benefício mútuo e por livre contrato, trocam dinheiro e mercadorias entre si, basta isolar o primeiro processo e ater-se a seu caráter formal. Esse simples truque não é feitiçaria, mas constitui todo o patrimônio de sabedoria da economia vulgar.

Como vimos, o capitalista deve converter seu dinheiro não apenas em capacidade de trabalho mas também em fatores objetivos do processo de trabalho, os meios de produção. Mas, se considerarmos, por um lado, o capital em seu todo, o conjunto dos compradores de capacidade de trabalho, e, por outro, o conjunto dos vendedores de capacidade de trabalho, o conjunto dos trabalhadores, então veremos que o trabalhador é obrigado a vender, em vez de uma mercadoria, sua própria capacidade de trabalho

Karl Marx – Capítulo VI (inédito)

como mercadoria, porque, do outro lado, todos os meios de produção, todas as condições objetivas de trabalho, assim como todos os meios de subsistência – dinheiro, meios de produção e | |469e| meios de vida –, o confrontam como propriedade alheia; porque toda *riqueza objetiva está diante* do trabalhador como propriedade do *possuidor da mercadoria*. Pressupõe-se que ele trabalha como *não proprietário* e que as *condições de seu trabalho* estão diante dele como *propriedade alheia*. O fato de o capitalista n. I possuir dinheiro e comprar esses meios de produção do capitalista n. II, que possui meios de produção, enquanto o trabalhador usa o dinheiro recebido do capitalista n. I para comprar meios de subsistência do capitalista n. III, não muda o fato de que os capitalistas n. I, II e III juntos são os possuidores exclusivos do dinheiro, dos meios de produção e dos meios de subsistência. O homem só pode viver na medida em que produz seus meios de subsistência, e só pode produzir meios de subsistência na medida em que possui os meios de produção, as condições objetivas de trabalho. É, portanto, claro desde o início que o trabalhador privado dos meios de produção vê-se privado dos meios de subsistência, assim como, inversamente, um homem privado dos meios de subsistência não pode criar nenhum meio de produção. Assim, o que no primeiro *processo* imprime ao dinheiro ou às mercadorias desde o início o *caráter de capital* – antes que se tenham transformado efetivamente em capital – não é sua natureza como dinheiro, nem sua natureza como mercadorias, nem o valor de uso material dessas mercadorias como meios de subsistência e meios de produção, mas o fato de que esse dinheiro e essas mercadorias, esses meios de produção e meios de subsistência se opõem à *capacidade de trabalho* – despojada de toda riqueza objetiva – como *potências autônomas*, personificados em seus possuidores. As condições materiais necessárias para a realização do trabalho estão, portanto, *estranhadas* [*entfremdet*] pelo próprio trabalhador, e aparecem como *fetiches* dotados de vontade e alma próprias; as *mercadorias* figuram como *compradoras* de *pessoas*. O comprador da capacidade de trabalho é apenas a personificação do trabalho *objetivado*, que concede uma parte de si ao trabalhador na forma de meios de subsistência, para incorporar, em sua outra parte, a *capacidade viva de trabalho*, e, por meio dessa incorporação, conservar-se por inteiro e crescer acima da medida originária. Não é o trabalhador que compra os meios de subsistência e os meios de produção, mas os meios de subsistência é que compram o trabalhador para incorporá-lo aos meios de produção.

Resultado do processo de produção imediato

Os *meios de subsistência* são uma forma material particular de existência em que o capital confronta o trabalhador antes que ele se aproprie deles com a venda de sua capacidade de trabalho. Mas, assim que o processo de produção começa, a capacidade de trabalho já foi vendida, de modo que os meios de subsistência passaram, pelo menos *de jure* [de direito], para o fundo de consumo do trabalhador. Esses meios de subsistência não constituem um elemento do processo de trabalho, pois, além da própria capacidade ativa de trabalho, o processo de trabalho não pressupõe nada além de material de trabalho e meios de trabalho. De fato, o trabalhador deve manter sua capacidade de trabalho através de meios de subsistência, mas esse consumo privado, que é, ao mesmo tempo, a reprodução de sua capacidade de trabalho, está fora do processo de produção da mercadoria. É possível que, na produção capitalista, todo o tempo disponível do trabalhador seja efetivamente absorvido pelo capital, de modo que o consumo de alimentos apareça realmente como simples incidente do próprio processo de trabalho, como o consumo de carvão pela máquina a vapor, ou de óleo pela roda, ou de feno pelo cavalo, ou como todo o consumo privado do escravo trabalhador; e nesse sentido Ricardo inclui, por exemplo (ver nota 127), além de matéria-prima, ferramentas etc., "alimentos e roupas" como coisas que *"give effect to labour"* [levam o trabalho a cabo] e, logo, servem de "capital" no processo de trabalho. No entanto, | | 469f| *de fato*, os meios de subsistência, assim que o trabalhador livre os consome, são mercadorias que ele *comprou*. Assim que passam para suas mãos, com maior razão quando são consumidos por ele, deixam de ser capital. Eles, portanto, não constituem nenhum dos *elementos materiais* em que o *capital* aparece no *processo de produção imediato*, embora constituam a *forma material de existência* do *capital variável*, que aparece no *mercado*, no interior da *esfera da circulação*, como comprador de capacidade de trabalho[135].

Se um capitalista converte 400 de seus 500 táleres em meios de produção e investe 100 na compra de capacidade de trabalho, esses 100 táleres constituem seu capital *variável*. Com esses 100 táleres, os trabalhadores compram mantimentos, seja do mesmo capitalista, seja de outros. Os 100 táleres são apenas a *forma dinheiro* desses meios de subsistência, que

---

[135] É nisso que se fundamenta a polêmica de Rossi contra a inclusão dos meios de subsistência entre os componentes do capital produtivo. Mas quanto incorretamente ele compreende o tema e em que confusão ele se meteu, isso será visto em um capítulo posterior.

Karl Marx – Capítulo VI (inédito)

de fato constituem a *existência material* do capital variável. O capital variável não existe mais no interior do *processo de produção imediato* nem na forma de dinheiro nem na forma de mercadorias; ele existe na forma de *trabalho vivo*, do qual se apropriou pela compra de capacidade de trabalho. E é somente por meio dessa transformação do capital variável em trabalho que a soma do valor adiantado em dinheiro ou em mercadorias é transformada em *capital*. Assim, embora a *compra e venda de capacidade de trabalho*, que *condiciona* a conversão de parte do capital em capital variável, seja um processo separado e independente *do processo de produção imediato*, antecedendo-o, ela constitui a *base absoluta* do processo capitalista de produção e constitui um *fator* do próprio processo de produção se o olharmos como um *todo* e não apenas no instante [*Augenblick*] da produção imediata de mercadorias. A riqueza objetiva só se transforma em capital porque o trabalhador vende sua capacidade de trabalho para viver. Somente diante do *trabalho assalariado*, as *coisas* que são condições objetivas de trabalho, isto é, os *meios de produção*, e as *coisas* que são condições objetivas para a manutenção do próprio trabalhador, isto é, os *meios de subsistência*, tornam-se *capital*. O capital não é uma *coisa*, assim como o dinheiro não é uma *coisa*. No capital, como no dinheiro, certas *relações sociais de produção entre pessoas* aparecem *como relações entre coisas e pessoas*, ou certas relações sociais aparecem como *propriedades sociais naturais* das coisas. Tão logo os indivíduos se confrontam como pessoas livres, não há produção de mais-valor sem *Salariat* [sistema salarial]. Sem produção de mais-valor, não há produção capitalista, portanto não há capital nem capitalista! Capital e trabalho assalariado (como chamamos o trabalho do trabalhador que vende sua própria capacidade de trabalho) expressam apenas dois fatores da mesma relação. O dinheiro não pode se tornar capital sem ser trocado por capacidade de trabalho como mercadoria vendida pelo próprio trabalhador. Em contrapartida, o trabalho só pode aparecer como trabalho assalariado quando suas *próprias* condições objetivas o confrontam como potências autônomas, propriedade estranha [*fremdes*], valor existente para si e preso a si, em suma, como capital. Se o capital, então, em seu aspecto material – ou em termos dos valores de uso em que existe – pode consistir apenas nas condições objetivas do próprio trabalho, então, em termos de seu aspecto formal, essas condições objetivas devem confrontar o trabalho, como poderes *estranhos* [*fremde*], *autônomos*, como valor – trabalho objetivado – que se relaciona com o trabalho vivo

Resultado do processo de produção imediato

como mero meio de sua própria preservação e crescimento. O trabalho assalariado ou o *Salariat* [sistema salarial] é, portanto, uma forma social de trabalho necessária para a produção capitalista, assim como o capital, o valor potenciado, é uma forma social necessária que as condições objetivas do trabalho devem assumir para que este último seja trabalho assalariado. O trabalho assalariado é, portanto, uma condição necessária para a formação do capital e permanece sendo o pressuposto necessário constante para a produção capitalista. Portanto, embora o primeiro processo, a troca de dinheiro por capacidade de trabalho, ou a venda de capacidade de trabalho, não entre enquanto tal no processo de produção imediato, ele entra, pelo contrário, na produção de toda a relação[136].

Deixemos agora o primeiro processo, a compra e venda da capacidade de trabalho, que pressupõe a autonomização dos meios de produção e dos meios de subsistência ante o trabalhador real, ou seja, pressupõe meios de produção e meios de subsistência *personificados*, que, como *compradores*, fecham um contrato com os trabalhadores como vendedores; passemos desse processo, que ocorre na *esfera da circulação*, no *mercado de mercadorias*, para o próprio *processo de produção imediato*, que é, antes de tudo, um *processo de trabalho*. No processo de trabalho, o trabalhador entra como trabalhador em uma relação normal e ativa com os meios de produção que é determinada pela natureza e pela finalidade do próprio trabalho. Apropria-se deles e os trata como meros meios e materiais de seu trabalho. Assim, a existência autônoma – que se mantém presa a si mesma ||469g| e tem sua própria mente – desses meios de produção, sua separação do trabalho, está agora de fato *superada*. As condições objetivas do trabalho

---

[136] Pode-se, portanto, deduzir o que F. Bastiat entende sobre a essência da produção capitalista quando define o *Salariat* [sistema salarial] como uma formalidade exterior e indiferente à produção capitalista e descobre *"que ce n'est* pas la forme de la rémunération *qui crée pour lui (l'ouvrier) cette dépendance"* [que não é a forma de remuneração que cria para ele (o trabalhador) essa dependência] (*Harmonies Économiques*, Paris, 1851, p. 378). É uma descoberta – além disso plágio mal-entendido de economistas de fato – digna desse ignorante eloquente que descobriu no mesmo escrito, ou seja, em 1851, que *"ce qui est plus décisif et plus infaillible encore, c'est la* disparition des grandes crises industrielles *en Angleterre"* [o que é ainda mais decisivo e mais infalível é o *desaparecimento das grandes crises industriais* na Inglaterra] (ibidem, p. 396). Embora F. Bastiat tenha denunciado as grandes crises longe da Inglaterra em 1851, a Inglaterra já estava vivendo outra grande crise em 1857 e escapou de uma crise industrial de proporções até então inimagináveis, em 1861 – como se pode ler até nos relatórios oficiais da Câmara de Comércio Inglesa –, apenas graças à eclosão da Guerra Civil Americana.

Karl Marx – Capítulo VI (inédito)

aparecem em sua unidade normal com o trabalho, como mera matéria e órgãos de sua ação criadora. O couro curtido pelo trabalhador é tratado como simples objeto de sua atividade produtiva, não como capital. Ele não curte o couro do capitalista[137]. Na medida em que o processo de produção é meramente um *processo de trabalho*, o trabalhador nesse processo consome os meios de produção como mero *meio de subsistência do trabalho*. Mas, uma vez que o processo de produção é ao mesmo tempo *processo de valorização*, o capitalista consome nele a capacidade de trabalho do trabalhador ou se apropria do trabalho vivo como a força vital do capital. A matéria-prima, o objeto de trabalho em geral, serve apenas para *absorver* o trabalho alheio, e o instrumento de trabalho serve apenas de condutor desse *processo de absorção*. Quando a capacidade de trabalho vivo é incorporada às partes objetivas do capital, este se torna um monstro animado e começa a trabalhar "como se amor no corpo houvesse"*. Uma vez que somente uma determinada forma útil de trabalho cria valor, e que todo tipo de trabalho útil e particular requer materiais e meios que contenham um valor de uso específico – fusos e algodão etc. para fiação; bigorna, martelo e ferro para forjar etc. –, o trabalho só pode ser absorvido na medida em que o capital assume a forma dos meios de produção específicos exigidos para certos processos de trabalho e somente nessa figura pode absorver o trabalho vivo. Aqui podemos ver por que o capitalista, o trabalhador e o *economista* político – que só é capaz de pensar o processo de trabalho como um processo de trabalho apropriado pelo capital – consideram que os elementos *materiais* do processo de trabalho são *capital* por causa de suas propriedades materiais; e por que ele [o economista] é incapaz de separar sua existência material, enquanto meros fatores do processo de trabalho, das propriedades *sociais* ligadas a eles que os tornam *capital*. Ele é incapaz de fazê-lo porque realmente o mesmo processo de trabalho idêntico, ao qual os meios de produção servem com suas propriedades materiais como mera subsistência do trabalho, transforma

---

[137] "Além disso, pelo desenvolvimento dos próprios economistas, vemos como o capital se torna *imediatamente*, no *processo de produção*, o substrato, a matéria do trabalho e, portanto, como a *separação entre capital e trabalho*, estabelecida por um instante, é imediatamente *suprimida* novamente *na unidade de ambos*" (F. Engels. F. Engels, *Deutsch-französische Jahrbücher* etc., p. 99).

* "*als hatt'es Lieb im Leibe*": Johann Wolfgang von Goethe, *Faust*, parte I (Cantina de Auerbach a Lipsia) [ed. bras.: *Fausto*, parte I, trad. Jenny Klabin Segall, São Paulo, Editora 34, 2018, p. 209]. (N. T.)

Resultado do processo de produção imediato

esses meios de produção em simples meios de absorção de trabalho. No processo de trabalho considerado isoladamente, o trabalhador utiliza os meios de produção. No processo de trabalho, que é ao mesmo tempo um processo de produção capitalista, os meios de produção utilizam o trabalhador, de modo que o trabalho aparece apenas como um meio pelo qual certa *massa de valor*, isto é, certa massa de trabalho *objetivado*, absorve trabalho vivo para se conservar e aumentar. O processo de trabalho aparece assim como *processo de autovalorização* do trabalho objetivado por meio do trabalho vivo[138]. É o *capital* que utiliza o *trabalhador* e não o *trabalhador* que utiliza o *capital*, e somente as *coisas que utilizam o trabalhador*, que por conseguinte possuem sua identidade, sua própria consciência e sua própria vontade no capitalista, são capital[139]. Na medida em que o processo de trabalho é apenas o meio e a forma real do *processo de valorização*, na

---

[138] "Labor *is the* agency *by which capital is made productive of ... profit*" [O *trabalho* é o *agente* por meio do qual o *capital* se torna produtivo de... lucro] (John Wade, l.c., p. 161). "Na sociedade burguesa, o trabalho vivo é apenas um meio de aumentar o trabalho acumulado" (*Manifest der Komm. Partei*, 1848. [ed. bras.: Karl Marx e Friedrich Engels, *Manifesto Comunista*, trad. Álvaro Pina, 4. ed., São Paulo, Boitempo, 2005, p. 53.]

[139] O caráter *econômico* determinado que *os meios de subsistência* possuem para comprar trabalhadores, ou dos *meios de produção* como couros e estampa para calçados, para utilizar *trabalhadores de calçados*, essa inversão entre coisa e pessoa, ou seja, o caráter *capitalista*, está tão inseparavelmente *entrelaçado* com o caráter *material* dos elementos de produção na produção capitalista e, portanto, na imaginação dos economistas políticos, que *Ricardo*, por exemplo, ao considerar necessário caracterizar mais de perto os elementos materiais do capital como uma coisa natural, usa as expressões economicamente corretas como *"Capital, or the means of employing labor"* [capital, ou os meios de empregar trabalho] (ou seja, não "means *employed by labour*" [*meios* empregados pelo trabalho], mas *"means of employing labor"* [meios de empregar de trabalho] (l.c., p. 92), *"quantity of labor employed by a capital"* [quantidade de trabalho empregado por um capital] (p. 419), *"the fund which is to employ them"* (*the labourers*) [fundo que deve empregá-los (os trabalhadores)] (p. 252 etc.). Como poderiam usar expressões como *"though the existing mass of commodities should command less labour* then before etc." [embora a massa existente de mercadorias devesse exigir menos trabalho *do que antes etc.*], em que se expressa o comando das mercadorias diretamente sobre o trabalho (*An Inquiry into those Principles respecting the Nature of Demand*, p. 60 etc.) para traduzir para um antigo romano ou grego? Também no alemão moderno, o capitalista, a personificação das coisas que utilizam o *trabalho*, é chamado de *empregador de trabalho*, e o verdadeiro trabalhador que dá trabalho é chamado de *doador de trabalho*. "Na sociedade burguesa, o capital é independente e pessoal, ao passo que o indivíduo do trabalho é dependente e impessoal". (*Manifest Komm. Partei*, cit.) [ed. bras.: Karl Marx e Friedrich Engels, *Manifesto comunista*, cit., p. 53]

Karl Marx – Capítulo VI (inédito)

medida em que é um processo que consiste em objetivar em mercadorias, além do trabalho objetivado em salário, *um excedente de trabalho não pago, mais-valor*, ou seja, em *produzir mais-valor*, o ponto de partida de todo esse processo é a troca de *trabalho objetivado* por *trabalho vivo*, a troca de menos *trabalho objetivado* por mais *trabalho vivo*. No próprio processo de troca, um *quantum* de trabalho objetivado no dinheiro como mercadoria é trocado por um *quantum* igualmente grande de trabalho objetivado em capacidade de trabalho vivo. | | 469h | De acordo com a lei do valor da troca de mercadorias, trocam-se equivalentes, *quanta iguais* de trabalho objetivado, embora um *quantum* se objetive em uma coisa e o outro em uma pessoa viva. Mas essa troca apenas introduz o *processo de produção*, por meio do qual vem de fato trocado mais trabalho na forma viva do que foi gasto na forma objetivada. Portanto, o grande mérito da economia clássica é ter apresentado todo o processo de produção como processo entre *trabalho objetivado* e *trabalho vivo* e, portanto, ter apresentado o capital, em contraste com o trabalho vivo, apenas como *trabalho objetivado*, isto é, tê-lo apresentado como um *valor* que se *valoriza* mediante o trabalho vivo. Seu defeito consiste apenas no fato de que, em primeiro lugar, não conseguiu demonstrar como essa troca de mais trabalho vivo por menos trabalho objetivado corresponde à lei da *troca de mercadorias*, à determinação do valor das mercadorias pelo tempo de trabalho, e, em segundo lugar, identificou de maneira imediata a troca de um determinado *quantum* de trabalho objetivado pela capacidade de trabalho no interior do processo de circulação com a *absorção*, no processo de produção, do trabalho vivo pelo trabalho *objetivado* existente sob a figura dos meios de produção. Eles confundem o *processo de troca* entre capital variável e capacidade de trabalho com o processo de absorção de trabalho vivo por meio de capital constante. Esse defeito também decorre de sua parcialidade "capitalista", pois, para o próprio capitalista, que só paga o trabalho depois de realizado, a troca de um pequeno *quantum* de trabalho objetivado por um *quantum* maior de trabalho vivo aparece como um processo único e não mediado. Assim, quando o economista moderno contrasta com o trabalho vivo o capital como *trabalho objetivado*, ele não entende por trabalho objetivado *os produtos do trabalho* no sentido de que têm valor de uso e são a encarnação de certo trabalho útil, mas no sentido de que são a *materiatur* [base material] de certo *quantum* de trabalho social geral, de *valor*, dinheiro que *valoriza* a si mesmo pela apropriação do trabalho *vivo*

Resultado do processo de produção imediato

de outros. Essa apropriação é mediada pela troca entre capital variável e capacidade de trabalho que ocorre no *mercado de mercadorias*, mas só é completada no processo real de produção[140].

De início, a subordinação do processo de trabalho ao capital nada muda no modo de produção real e é praticamente evidente apenas no seguinte: o trabalhador está sob o comando, a direção e a supervisão do capitalista, naturalmente apenas em relação ao seu trabalho, que pertence ao capital. O capitalista zela para que o trabalhador não perca tempo e, por exemplo, em cada hora forneça o produto de uma hora de trabalho, e para fabricar um produto utilize o tempo médio de trabalho necessário.

---

[140] Trabalho imediato e trabalho objetivado, trabalho presente e passado, trabalho vivo e acumulado etc. são, portanto, formas pelas quais os economistas expressam a relação entre capital e trabalho.

"Labour and Capital ... the one immediate *labour, ...* the other *hoarded labour"* [Trabalho e Capital... um trabalho *imediato, ... o outro* trabalho acumulado] (James Mill, *Elements of Political Economy*, Londres, 1821, p. 75). "Antecedent labour *(capital) ...* present labour" [*Trabalho anterior* (capital) *... trabalho presente*] (E. G. Wakefield em sua edição A. Smith's, Londres, 1836, t. I, p. 31, Nota). "Accumulated labour *(capital) ...* immediate labour" [*Trabalho acumulado* (capital) *... trabalho imediato*] (Torrens, l.c. ch.I [*An essay on the production of wealth*, Londres, 1821]). "Labour and Capital, *that is,* accumulated labour" [*Trabalho e Capital*, ou seja, trabalho acumulado] (David Ricardo, cit., p. 499).

"The specific *advances of the capitalists do not consist of cloth* (valores de uso em geral), *but of* labor" [Os avanços *específicos* dos capitalistas não consistem em vestimentas (valores de uso em geral), mas em *trabalho*] (Malthus, *"The Measure of Value"* etc., Londres, 1823, p. 17).

"Comme all homme est force de consommer avant de produire, l'ouvrier pauvre se trouve dans la dépendance *du riche, et ne peut ni vivre ni travailler, s'il n'obtient de lui des denrées et des marchandises existantes, en retour de celles qu'il promet de produire par son travail ... pour l'y (i.e. le riche) faire consentir, il a fallu convenir que toutes les fois qu'il échangeroit du travail fait contre du travail à faire, le dernier aurait une valeur superiore au premier"* [Como todos os homens são obrigados a consumir antes de produzir, o trabalhador pobre é *dependente* do homem rico e não pode viver nem trabalhar a menos que obtenha dele mercadorias e bens existentes em troca daqueles que promete produzir com seu trabalho, para que ele (isto é, o homem rico) consentisse com isto, era necessário concordar que sempre que ele trocasse trabalho feito por trabalho a ser feito, o último teria um valor superior ao primeiro] (Sismondi, *De la Richesse Commerciale*, Paris, 1803, t. 1, p. 36-7).

O sr. W. Roscher, que obviamente nem sequer suspeita do que os economistas ingleses estão dizendo e também lembra prematuramente que Senior batizou o capital de *"abstinência"*, faz a seguinte observação professoral gramaticalmente *"engenhosa"*: "escola de Ricardo costuma também subsumir o capital ao conceito de trabalho, como trabalho acumulado. Isso é *inadequado*, porque, sem dúvida (!), o possuidor de capital fez (!) *mais* (!) que a *simples* (!) *criação* (!) e *manutenção dele* (!); precisamente abstenção do desfrute dele, pelo qual exige, por exemplo, juros" (W. Roscher, 1.c.).

Karl Marx – Capítulo VI (inédito)

Na medida em que a relação de capital é uma relação que domina a produção, e que, portanto, o trabalhador aparece no mercado sempre como vendedor e o capitalista sempre como comprador, o próprio processo de trabalho é, em seu conjunto, *contínuo* e não interrompido, tal como quando o trabalhador, como um produtor independente de mercadorias, está envolvido na venda ||469i| de seus bens para clientes singulares; pois o nível mínimo de capital deve ser grande o suficiente para manter o trabalhador ocupado e esperar até que as mercadorias sejam vendidas[141]. Enfim, o capitalista constrange o trabalhador a estender a duração do processo de trabalho tanto quanto possível além dos limites do tempo de trabalho necessário para a reprodução do salário, pois esse *excedente* de trabalho lhe fornece o *mais-valor*[142].

---

[141] *"If in the progress of time a change takes place in their economical position (der workmen), if they become the workmen of a capitalist who advances their wages beforehand, two things take place. First they* can *now labour continuously; and, secondly, an agent is provided, whose office and whose interest it will be, to see that they* do *labour continuously ... Here, then, is an increased continuity in the labour of all this class of persons. They labour daily 30 from morning to night, and are not interrupted by waiting for or seeking the customer... But the continuity of labour, thus made possible, is secured and improved by the superintendence of the capitalist. He has advanced their wages; he is to receive the products of their labour. It is his interest and his privilege to see that fliey do not labour interruptedly or dilatorily""* [Se no decorrer do tempo ocorre uma mudança em sua posição econômica (dos trabalhadores), se eles se tornam trabalhadores de um capitalista que adianta seus salários, ocorrem duas coisas. Primeiro, eles agora podem trabalhar continuamente; e, em segundo lugar, surge um indivíduo cujo ofício e interesse será o de cuidar que eles trabalhem continuamente... Aqui, então, há uma continuidade aumentada no trabalho de toda essa classe de pessoas. Trabalham diariamente da manhã à noite e não são interrompidos pela espera ou busca do cliente... Mas a continuidade do trabalho, assim possibilitada, é assegurada e melhorada pela supervisão do capitalista. Ele adiantou seus salários; ele deve receber os produtos de seu trabalho. É seu interesse e privilégio velar para que não trabalhem de forma interrompida ou demorada] (R. Jones, l.c., [*Text-book Book of Lectures on the Political Economy of Nations*, Hertford, 1852] p. 37-8 e seg., *passim*).

[142] *"Un axiome généralement admis par les économistes est que tout travail doit laisser un excédant. Cette proposition est pour moi d'une vérité universelle et absolue: c'est le corollaire de la loi de la proportionnalité (!), que l'on peut regarder comme le sommaire de toute la science économique. Mais, j'en demande pardon aux économistes, le principe que* tout travail doit laisser un excédant *n'a pas de sens dans leur théorie, et n'est susceptible d'aucune* demonstration." [Um axioma geralmente admitido pelos economistas é que todo trabalho deve deixar um excedente. Essa proposição é para mim uma verdade universal e absoluta: é o corolário da lei da proporcionalidade (!), que pode ser considerada o resumo de toda a ciência econômica. Mas, peço perdão aos economistas, o princípio de que *todo trabalho deve deixar um excedente* não tem sentido em sua teoria e não é suscetível de qualquer

Resultado do processo de produção imediato

Assim como o valor de uso da mercadoria interessa ao possuidor das mercadorias apenas como portador de seu valor de troca, os capitalistas estão interessados apenas no processo de trabalho como portador e meio do processo de valorização. Mesmo no interior do processo de produção – na medida em que é um processo de valorização – os meios de produção continuam a ser mero valor monetário, indiferentemente da figura material particular, do valor de uso particular, no qual esse valor de troca é representado; assim como o trabalho em si não conta como atividade produtiva de caráter útil determinado, mas como substância criadora de valor, como trabalho social em geral, que é objetivado e no qual o único fator [*Moment*] que interessa é *sua quantidade*. Cada esfera particular de produção conta para o capital apenas como uma esfera particular na qual o dinheiro é investido para convertê-lo em mais dinheiro, para manter e aumentar o valor existente ou para apropriar-se do *mais-trabalho*. Em cada esfera particular de produção, o processo de trabalho é diferente e, portanto, também os fatores [*Factoren*] do processo de trabalho são diferentes. Não se podem fazer botas com fuso, algodão e fiandeiro. Mas o investimento do capital nesta ou naquela esfera de produção, as massas em que o capital total da sociedade se distribui nas diferentes esferas de produção, enfim, a proporção em que ele migra de uma esfera de produção para outra, tudo isso é determinado pela mudança na proporção em que a sociedade precisa dos produtos dessas esferas particulares de produção, isto é, o valor de uso das mercadorias que criam; pois, embora apenas o valor de troca de uma mercadoria seja pago, ela é sempre comprada apenas por causa de seu valor de uso.

---

demonstração.] (Proudhon, *Philosophie de la misère*). Em minha "*Misère de la Philosophie: Réponse à la Philosophie de la Misère de M. Proudhon*", Paris, 1847, p. 76-91 [ed. bras.: Karl Marx, *Miséria da filosofia*, trad. José Paulo Netto, São Paulo, Boitempo, 2017, p. 86-95], demonstrei que o sr. Proudhon não tem a menor ideia do que seja esse "*excédant du travail*" [excedente do trabalho], ou seja, o *produto excedente*, no qual está representado o trabalho excedente ou não pago do trabalhador. Como realmente considera que na produção capitalista todo trabalho deixa tal "*excédant*", ele procura explicar esse fato a partir de alguma misteriosa propriedade natural do trabalho e procura sair da dificuldade bradando *sesquipedalia verba*, tal como o "*corollaire de la loi de la proportionnalité*" [corolário da lei da proporcionalidade] etc. [*Sesquipedalia verba* significa "palavras de pé e meio de comprimento". Era uma expressão usada por Horácio para aconselhar aos autores trágicos que não colocassem na boca de suas personagens palavras demasiadamente compridas e pretensiosas – N. T.]

Karl Marx – Capítulo VI (inédito)

Todavia, o capital em si e por si é indiferente à *particularidade* de cada esfera de produção, e só é determinado pela maior ou menor dificuldade em vender as mercadorias desta ou daquela esfera de produção, onde é investido, como é investido, e em que medida passa de uma esfera de produção para outra, ou muda sua distribuição entre as diferentes esferas de produção. Na realidade, essa fluidez do capital sofre fricções que não precisam ser consideradas mais aqui. Em contrapartida, como veremos mais adiante, cria meios para superá-las, na medida em que surgem da própria natureza da relação de produção; no entanto, com o desenvolvimento de seu próprio modo de produção, elimina todos os obstáculos jurídicos e extraeconômicos ao seu livre movimento nas diferentes esferas de produção. Acima de tudo, derruba todas as barreiras jurídicas ou tradicionais que impedem que se compre a seu critério este ou aquele tipo de capacidade de trabalho, ou se adquira arbitrariamente este ou aquele tipo de trabalho. Além disso, embora a capacidade de trabalho em cada esfera de produção particular tenha uma figura particular – como a capacidade de fiação, sapataria, forjaria etc. –, e cada esfera de produção particular requeira, portanto, uma capacidade de trabalho que se desenvolveu em uma direção particular, uma capacidade de trabalho *particularizada*, essa mesma fluidez do capital assume, em sua indiferença ao caráter particular do processo de ||469k| trabalho de que se apropria, a mesma fluidez ou *variabilidade* no trabalho, portanto na aptidão do trabalhador para empregar sua capacidade de trabalho. Veremos que o próprio modo de produção capitalista cria esses obstáculos econômicos à sua própria tendência, mas remove todos os obstáculos *jurídicos* e *extraeconômicos* a essa variabilidade[143]. Assim como para o capital, como valor que se valoriza, é indiferente a figura material particular em que ele aparece no processo de trabalho – seja como máquina a vapor, monte de esterco ou seda –, também é igualmente indiferente ao trabalhador o *conteúdo particular* de seu trabalho. Seu trabalho pertence ao capital e é apenas o valor de uso da mercadoria que ele vendeu, e ele só a vendeu para adquirir dinheiro e, com o dinheiro, meios de subsistência. A mudança no tipo de trabalho lhe interessa apenas porque cada tipo particular de trabalho exige um

---

[143] *"Every man, if not restrained by law, would pass from one employment to another, as the various turns in trade should require"* [Todo homem, se não for restringido por lei, passaria de um emprego para outro, conforme as várias fases dos negócios exigissem] (*Considerations Concerning Taking off the Bounty on Corn Exported* etc., Londres, 1753, p. 4).

Resultado do processo de produção imediato

desenvolvimento diferente da capacidade de trabalho; se sua indiferença ao conteúdo particular do trabalho não lhe permite variar sua capacidade de trabalho sob as ordens dadas, ele mostra essa indiferença jogando seus substitutos, a geração mais jovem, de um ramo de trabalho para outro, dependendo do que o mercado exige. Quanto mais a produção capitalista se desenvolve em um país, quanto maior a demanda por *variabilidade* na capacidade de trabalho, tanto mais indiferente o trabalhador é ao *conteúdo particular* de seu trabalho, e tanto mais fluido o movimento do capital de uma esfera de produção para outra. A economia clássica pressupõe a *variabilidade* da capacidade de trabalho e a *fluidez* do capital como axiomas, e com razão na medida em que essa é a tendência do modo de produção capitalista, que se afirma inexoravelmente, não obstante todos os obstáculos que, em grande parte, ele mesmo cria. Para representar as leis da economia política de maneira pura, faz-se abstração das fricções, assim como na mecânica pura faz-se abstração das fricções particulares que devem ser superadas em cada caso particular de sua aplicação[144].

Embora o capitalista e o trabalhador se enfrentem no mercado apenas como *compradores*, dinheiro, e *vendedores*, mercadorias, essa relação é marcada desde o início pelo conteúdo peculiar de seu comércio, tanto assim que

---

[144] Em nenhum lugar a fluidez do capital, a variabilidade do trabalho e a indiferença do trabalhador ao conteúdo de seu trabalho são maiores do que nos Estados Unidos da América. Na Europa, mesmo na Inglaterra, a produção capitalista ainda é assombrada e distorcida por reminiscências feudais. Que só agora na Inglaterra a fabricação de pão, calçados etc. começa a ser realizada de *maneira capitalista* deve-se ao fato de que o capital inglês tinha preconceitos feudais sobre "respeitabilidade". Era "respeitável" vender negros como escravos, mas não era "respeitável" fazer salsichas, botas ou pão. Toda a maquinaria que subordina os ramos de negócios "irrespeitáveis" europeus ao modo de produção capitalista vem também dos Estados Unidos. No entanto, em nenhum lugar a pessoa é tão indiferente ao tipo de trabalho que faz como nos Estados Unidos, em nenhum lugar é tão consciente de que seu trabalho sempre rende *o mesmo* produto, dinheiro, e em nenhum lugar passa com a mesma indiferença pelos ramos mais díspares do trabalho. Essa "variabilidade" da capacidade de trabalho aparece, portanto, aqui como uma propriedade muito distinta do trabalhador livre em contraste com o trabalhador escravo, cuja capacidade de trabalho é estável e só pode ser utilizada da maneira localmente costumeira. "*Slave labour is eminently defective in point of versatility ... if tobacco be cultivated, tobacco becomes the sole staple, and tobacco is produced whatever be the state of the market, and whatever be the condition of the soil*" [O trabalho escravo é eminentemente defeituoso em termos de versatilidade... se o tabaco for cultivado, o tabaco se tornará o único produto básico, e o tabaco será produzido qualquer que seja o estado do mercado e qualquer que seja a condição do solo] (Caimes, [*The slave power*, Londres], 1862, 1.c., p. 46-7).

Karl Marx – Capítulo VI (inédito)

o modo de produção capitalista supõe que o aparecimento dos dois lados no mercado na *mesma* determinação antagônica se repita *constantemente* ou seja contínuo. Se considerada em geral a relação entre os possuidores de mercadorias no mercado, vê-se que o mesmo possuidor de mercadorias aparece alternadamente como vendedor e comprador de mercadorias. Que dois possuidores de mercadorias difiram entre si como comprador e vendedor constitui apenas uma distinção que desaparece constantemente, pois todos desempenham alternadamente os mesmos papéis uns diante dos outros na esfera da circulação. Desse modo, também o trabalhador, depois de vender sua capacidade de trabalho e convertê-la em dinheiro, torna-se um comprador, e os capitalistas o confrontam como meros vendedores de mercadorias. Mas o dinheiro em suas mãos é apenas um meio de circulação. De fato, no *mercado* real de *mercadorias*, o trabalhador, como qualquer outro possuidor de dinheiro, difere apenas como comprador do possuidor da mercadoria como vendedor. Mas no *mercado de trabalho*, contudo, o *dinheiro* sempre o confronta como a forma-dinheiro [*Geldform*] do *capital* e, portanto, o possuidor do dinheiro o confronta como capital personificado, como *capitalista*, pois ele, por sua vez, contrapõe-se ao possuidor do dinheiro como ||469|| mera personificação da capacidade de trabalho – e, por conseguinte, do trabalho – como *trabalhador*. "A relação do fabricante com o trabalhador é... puramente econômica. O fabricante é o 'capital', o trabalhador é o 'trabalho'"[145]. Não é um mero comprador e um mero vendedor que se enfrentam, mas é o *capitalista* e o *trabalhador* que se enfrentam na esfera da circulação, no mercado, como *comprador* e *vendedor*. Sua relação como *capitalista* e *trabalhador* é o pressuposto de sua relação como *comprador* e *vendedor*. Não é, como acontece com outros vendedores de mercadorias, uma relação que surge simplesmente da natureza da própria mercadoria, a saber, do fato de que ninguém produz diretamente os produtos para suas necessidades vitais, mas que cada um produz um determinado produto como *mercadoria*, com cuja venda adquire produtos do outro. Não se trata dessa *divisão social do trabalho* nem da autonomização recíproca dos vários ramos do trabalho, como é o caso, por exemplo, daquele que faz do sapateiro vendedor de botas e comprador de couro ou pão. Pelo contrário, é a *divisão*

---

[145] F. Engels. *Lage der arbeit. Klasse* etc., Leipzig, 1845, p. 329. ["A relação entre o industrial e o operário não é uma relação humana: é uma relação puramente econômica – o industrial é o "capital", o operário é o trabalho"; ed. bras.: Friedrich Engels, *A situação da classe trabalhadora na Inglaterra*, trad. B. A. Schumann, São Paulo, Boitempo, 2008, p. 308 – N. T.]

Resultado do processo de produção imediato

dos *elementos* correspondentes do próprio *processo de produção* e sua *autonomização* progressiva – que chega até a personificação recíproca –, pela qual o *dinheiro*, como forma geral de *trabalho objetivado*, se torna o *comprador* da capacidade de trabalho, a fonte viva do *valor de troca* e, portanto, da riqueza. A riqueza *real – dinheiro*, se considerada em termos de valor de troca, e *meios de subsistência e meios de produção*, se considerada em termos de valor de uso – confronta o trabalhador, a *potencialidade* de riqueza, isto é, a capacidade de trabalho, como uma pessoa confronta outra pessoa.

| | 469m | Uma vez que o *mais-valor* é o produto específico do processo de produção, seu produto não é apenas uma mercadoria, mas *capital*. No interior do processo de produção, o trabalho é transformado em capital. A atividade da capacidade de trabalho, ou seja, o trabalho, *objetiva-se* no processo de produção e assim se torna valor, mas, como o trabalho, antes mesmo de começar, deixou de pertencer ao próprio trabalhador, o que se objetiva para ele é a *objetivação de trabalho alheio* [*fremder*] e, portanto, é o valor que se opõe de maneira autônoma à capacidade de trabalho, *capital*. O *produto* pertence ao capitalista e representa capital diante do trabalhador tanto quanto os *elementos da produção*. No entanto, o valor existente – ou dinheiro – só se torna *realmente* capital, primeiramente, na medida em que se apresenta como valor que se valoriza, como valor *que se processa*, e se apresenta como tal quando a atividade da capacidade de trabalho, o trabalho, opera no processo de produção como energia a ele incorporada e que a ele pertence; e em segundo lugar porque, como *mais-valor*, difere de si mesmo como valor originalmente pressuposto, que é, por sua vez, o resultado da objetivação do mais-trabalho [*Mehrarbeit*].

No processo de produção, o trabalho torna-se trabalho *objetivado* em contraste com a capacidade de trabalho vivo, ou seja, torna-se capital, e, depois, pela mesma absorção e apropriação do trabalho no processo de produção, o valor pressuposto torna-se valor *que se processa* e, portanto, valor que cria um mais-valor diferente. Só porque o trabalho se transforma em capital durante o processo de produção é que a soma de valor pressuposta, que era apenas capital δυνάμει [em potência], se realiza como *capital real*[146].

---

[146] "Eles (os trabalhadores) trocam seu trabalho (ou seja, sua capacidade de trabalho) por grãos (isto é, por meios de subsistência). Isso se torna receita para eles (ou seja, recai sobre seu consumo individual)... enquanto seu *trabalho* se torna *capital* para seu senhor." (Sismondi, *Nouveaux Principes d'économie politique*, t. I, Paris, 1872, p. 90). "Os operários, que dão seu trabalho em troca, transformam-no em capital" (p. 105).

Karl Marx – Capítulo VI (inédito)

||469| Em relação ao valor ou dinheiro como a objetivação do trabalho social médio geral, pode-se ainda assinalar o seguinte: o trabalho de fiação, por exemplo, pode por si só estar *acima* ou *abaixo* do nível do trabalho social médio, ou seja, certa quantidade de trabalho de fiação pode ser = > < ao mesmo *quantum* de trabalho social médio, por exemplo, ser da mesma grandeza (duração) que o tempo de trabalho objetivado em certo *quantum* de dinheiro. Mas, se o trabalho de fiação for realizado com o grau de intensidade que é normal em sua *esfera* – por exemplo, se o trabalho despendido no fio produzido em uma hora = ao *quantum* normal de fio que produz em média uma hora de trabalho de fiação nas condições sociais dadas –, então o trabalho objetivado no fio é o *trabalho socialmente necessário*. Como tal, possui uma relação quantitativamente determinada com o trabalho social médio em geral, que conta como medida, de modo que aquele representa o *quantum* igual, maior ou menor que este. Portanto, ele próprio expressa *certo quantum* de trabalho social médio.

A subsunção formal do trabalho ao capital

O processo de trabalho se torna o meio do processo de valorização, o processo de autovalorização do capital – da fabricação de mais-valor. O processo de trabalho é subsumido ao capital (é seu *próprio* processo) e o capitalista entra nele como dirigente, líder; é, ao mesmo tempo, para ele, um processo direto de exploração do trabalho alheio. É o que chamo de *subsunção formal do trabalho ao capital*. É a forma *geral* de todo processo de produção capitalista; mas é, ao mesmo tempo, uma forma *particular* ao lado do *modo de produção especificamente capitalista desenvolvido*, porque este envolve o primeiro, mas o primeiro não envolve necessariamente o segundo.

||470| O processo de produção tornou-se o próprio processo do capital. É um processo que se desenvolve com os *fatores do processo de trabalho* em que o dinheiro do capitalista foi transformado e que prossegue sob sua direção, e, com o objetivo de usar o dinheiro para fazer mais dinheiro.

Quando o camponês que antes produzia para si mesmo de modo independente se torna um diarista que trabalha para um arrendatário, quando a estrutura hierárquica que se aplica ao modo de produção das guildas desaparece diante do simples contraste de um capitalista que tem artesãos trabalhando para ele como assalariados, quando o proprietário de escravos de outrora emprega seus ex-escravos como trabalhadores assalariados etc., é então que os processos de produção socialmente

Resultado do processo de produção imediato

determinados de outro modo se transformam no processo de produção do capital. As mudanças desenvolvidas anteriormente ocorreram assim. O camponês antes independente torna-se, como fator do processo de produção, dependente do capitalista, que o dirige, e sua própria ocupação depende de um contrato que ele, como possuidor de mercadorias (possuidor da força de trabalho), concluiu previamente com o capitalista como possuidor do dinheiro. O escravo cessa de ser um instrumento de produção pertencente ao seu usuário. A relação de mestre e artesão desaparece. O mestre estava em relação ao artesão como um mestre do ofício. Ele agora está diante dele apenas como possuidor de capital, assim como o outro só o enfrenta como vendedor de trabalho. Antes do processo de produção, todos eles se confrontam como possuidores de mercadorias e têm entre si apenas uma *relação monetária; no interior* do processo de produção se confrontam como funcionários personificados dos fatores desse processo, o capitalista como "capital", o produtor direto como "trabalho", e sua relação é determinada pelo trabalho como mero fator do capital que se autovaloriza.

O capitalista, além disso, cuida para que o trabalho tenha o grau normal de qualidade e intensidade e prolonga o processo de trabalho tanto quanto possível, para que o mais-valor produzido por ele aumente. A *continuidade* do trabalho aumenta quando os produtores, que antes dependiam de clientes específicos, não têm mais mercadorias para vender, e encontram um pagador permanente no capitalista.

Ocorre também a mistificação imanente à *relação do capital*. A força de preservação de valor do trabalho aparece como a força de autopreservação do capital, a força de criação de valor do trabalho como a força de autovalorização do capital e, em geral, conceitualmente, o trabalho *objetivado* como o usuário do trabalho *vivo*.

Apesar de tudo isso, com essa *change* [troca] não houve de forma alguma uma mudança essencial no caráter real do processo de trabalho, no processo de produção real. Ao contrário, é parte da natureza da coisa que a subsunção do processo de trabalho ao capital ocorra com base em um *processo de trabalho existente*, que existia antes dessa subsunção ao capital, que se desenvolveu com base em processos de produção anteriores e outras condições de produção; o capital subsume a si um determinado *processo de trabalho existente, dado*, por exemplo, o trabalho artesanal, ou o modo de agricultura correspondente à pequena

Karl Marx – Capítulo VI (inédito)

lavoura autônoma. Se ocorrerem mudanças nesses *processos de trabalho* tradicionais sob o comando do capital, essas modificações só poderão ser *consequências* graduais da subsunção já ocorrida de determinados processos de trabalho tradicionais ao capital. Que o trabalho se torne mais intensivo ou que a duração do processo de trabalho se prolongue, que o trabalho se torne mais contínuo e, do ponto de vista do capitalista interessado, mais regulado etc. não muda por si só o caráter do próprio processo de trabalho real, da maneira real de trabalho. Isso constitui, portanto, um grande contraste com o *modo de produção* especificamente *capitalista* (trabalho em grande escala etc.), que se desenvolve, conforme vimos, com o progresso da produção capitalista e que *revoluciona* não apenas as relações entre os diversos agentes da produção mas, simultaneamente, o tipo de trabalho e o modo real do processo de trabalho em seu todo. É em oposição a este último modo do processo de trabalho que chamamos a subsunção do processo de trabalho (de um modo de trabalho desenvolvido antes da existência da relação do capital) ao capital de *subsunção formal do trabalho ao capital*. A relação do capital como relação *coercitiva* para extrair mais trabalho pelo prolongamento do tempo de trabalho – uma relação coercitiva que não se baseia em quaisquer relações pessoais de dominação e dependência, mas simplesmente surge de várias funções econômicas – é comum a ambos os modos, mas o modo de produção especificamente capitalista também conhece outras formas de extrair mais-valor. Ao contrário, com base em um modo de trabalho preexistente, ou seja, um *determinado* desenvolvimento da força produtiva do trabalho e um modo de trabalho correspondente a essa força produtiva, o mais-valor só pode ser gerado pelo *prolongamento do tempo de trabalho*, ou seja, no modo do *mais-valor absoluto*. A essa forma, como forma única da produção de mais-valor, corresponde, pois, *a subsunção formal do trabalho ao capital*.

||471| Os elementos gerais do processo de trabalho, conforme apresentados no capítulo II – por exemplo, a distinção das condições objetivas de trabalho em matéria e meios de trabalho, de um lado, e da atividade de vida do próprio trabalhador etc., de outro –, independem de qualquer caráter social histórico e específico do processo de produção e permanecem iguais para todas as possíveis formas de desenvolvimento das mesmas determinações; são, de fato, condições do trabalho humano naturais e imutáveis. Isso se mostra de maneira evidente pelo fato de

Resultado do processo de produção imediato

se aplicarem a pessoas que trabalham de modo independente e de não serem produzidos em troca com a sociedade, mas apenas em troca com a natureza, Robinson etc. Portanto, são, de fato, determinações absolutas do trabalho *humano* em geral, tão logo este se tenha desprendido de seu caráter puramente animal.

O que diferencia, desde o início, o processo de trabalho que só formalmente está subsumido ao capital – e por meio do qual se diferencia cada vez mais, mesmo sobre a base na antiga forma tradicional de trabalhar – é a *escala* em que ele é realizado; ou seja, por um lado, a ampliação dos meios de produção antecipados, por outro lado, o número de trabalhadores comandados pelo mesmo *employer* [empregador]. Por exemplo, o que aparece como um máximo com base no modo de produção da guilda (por exemplo, em relação ao número de oficiais [*Gesellen*]) pode constituir um mínimo para a relação de capital. Pois, de fato, tal relação pode ocorrer apenas nominalmente, quando o capitalista emprega pelo menos um número tal de trabalhadores que o mais-valor que ele produz seja suficiente como renda para seu consumo privado e como fundo de acumulação, de modo que ele mesmo seja dispensado do trabalho direto e só funcione como *capitalista*, como supervisor e diretor do processo; por assim dizer, exercendo a função do capital dotado de vontade e consciência engajado em seu processo de valorização. Essa ampliação da *escala* também constitui a base real sobre a qual se ergue o modo de produção especificamente capitalista sob condições históricas favoráveis, como as do século XVI, por exemplo, embora, é claro, possa aparecer em pontos isolados, de maneira *esporádica*, em formas anteriores de sociedade, sem dominá-la.

O caráter distintivo da *subsunção formal do trabalho ao capital* fica mais claro em comparação com situações em que o capital já está em certas funções subordinadas, mas ainda não em sua função dominante, que determina a forma geral da sociedade, como comprador imediato do trabalho e como apropriador imediato do processo de produção. O *capital usurário* serve de exemplo, na medida em que antecipa ao produtor direto, como na Índia, matéria-prima, instrumento de trabalho ou ambos na forma de dinheiro. Os enormes juros que atrai, os juros que extorque do produtor imediato em geral, independentemente de sua grandeza, são apenas outro nome para o mais-valor. De fato, ele converte seu dinheiro em capital extorquindo do produtor imediato trabalho não pago,

Karl Marx – Capítulo VI (inédito)

mais-trabalho [*Surplusarbeit*], mas não se envolve no próprio processo de produção, que como antes continua se desenvolvendo à margem dele, à sua maneira tradicional. Em parte, emerge da *atrofia* desse modo de produção, em parte, é um meio de *atrofiá-lo* e de fazê-lo vegetar nas condições mais desfavoráveis. Aqui *ainda não* ocorre a subsunção formal do trabalho ao capital. Outro exemplo é o *capital comercial*, na medida em que faz encomendas a vários produtores imediatos, depois recolhe seus produtos e os vende, podendo também adiantar a matéria-prima etc., ou adiantar dinheiro etc. Foi a partir dessa forma que a relação de capital moderna se desenvolveu parcialmente e que, aqui e ali, ainda constitui a transição para a relação capitalista propriamente dita. Aqui, também, não ocorre nenhuma subsunção formal do trabalho ao capital. O produtor imediato ainda é, ao mesmo tempo, vendedor de mercadorias e usuário de seu *próprio trabalho. Aqui, porém, a transição já existe mais claramente que na relação do capital usurário.* Ambas as formas, às quais voltaremos em algumas ocasiões, são reproduzidas como formas secundárias e de transição no interior do modo de produção capitalista.

||472| *Subsunção real do trabalho ao capital ou o modo de produção especificamente capitalista.*

No capítulo III, foi desenvolvido em detalhes como a *produção de mais- -valor relativo* (para o capitalista individual, na medida em que ele toma a *iniciativa*, estimulado pelo fato de que o valor é = ao tempo de trabalho socialmente necessário objetivado no produto, ou seja, de que o *mais- -valor* é criado para ele assim que o valor *individual* de seu produto está *abaixo* de seu valor social e pode, portanto, ser vendido *acima* de seu valor individual) muda toda a figura real do modo de produção e surge um *modo de produção* especificamente *capitalista* (também do ponto de vista tecnológico), em cuja base e com o qual se desenvolvem ao mesmo tempo as *relações de produção* – correspondentes ao processo de produção capitalista – entre os diversos agentes de produção e, em especial, entre capitalista e trabalhador assalariado.

As forças produtivas *sociais* do trabalho, ou as forças produtivas do trabalho diretamente *social*, do trabalho *socializado* (coletivizado), são desenvolvidas por meio da cooperação, pela divisão do trabalho no inte- rior do ateliê, pela aplicação da *maquinaria* e, em geral, pela transformação do processo de produção pela *aplicação* consciente de ciências naturais,

Resultado do processo de produção imediato

mecânica, química etc., para fins específicos, *tecnologia* etc., bem como pelo *trabalho em grande escala* correspondente a todos esses avanços etc. (Só esse trabalho socializado está em condições de aplicar os produtos *gerais* do desenvolvimento humano, como a matemática etc., ao processo de produção *imediato*, assim como, em contrapartida, o desenvolvimento dessas ciências pressupõe certo nível do processo de produção material.) Esse desenvolvimento da força produtiva do *trabalho socializado* em contraste com o trabalho mais ou menos isolado do indivíduo etc. e com isso a *aplicação da ciência*, desse produto *geral* do desenvolvimento social, ao *processo de produção imediato*, tudo se apresenta como *força produtiva do capital*, não como força produtiva do trabalho, ou apenas como força produtiva do trabalho na medida em que é idêntico ao capital, e em todo caso nunca como força produtiva, nem do trabalhador singular nem dos trabalhadores combinados no processo de produção. A mistificação inerente à relação de capital em geral está agora muito mais desenvolvida do que era e poderia ser no caso da subsunção meramente formal do trabalho ao capital. No entanto, o significado histórico da produção capitalista também emerge aqui (de modo específico) por meio da transformação do próprio processo de produção imediato e do desenvolvimento das forças produtivas sociais do trabalho.

Demonstramos (capítulo III) como o aspecto "social" etc. de seu trabalho se contrapõe ao trabalhador, tanto "idealmente" quanto "de fato", como algo não apenas estranho [*fremde*], mas hostil e oposto, e como objetivado e personificado no capital.

Assim como a produção de mais-valor absoluto é a expressão material da subsunção formal do trabalho ao capital, a produção de mais-valor relativo pode ser considerada expressão da subsunção real do trabalho ao capital.

Em todo caso, as duas formas de mais-valor – absoluto e relativo – quando consideradas por si em sua existência separada – e o mais-valor absoluto sempre precede o relativo – correspondem a duas formas separadas de subsunção do trabalho ao capital, ou duas formas separadas de subsunção do trabalho à produção capitalista, sendo a primeira sempre a precursora das outras, embora a mais desenvolvida, a segunda, possa novamente constituir a base para a introdução da primeira em novos ramos de produção.

Karl Marx – Capítulo VI (inédito)

||473| *Considerações suplementares sobre a subsunção formal do trabalho ao capital.*

Antes de continuarmos a considerar a subsunção real do trabalho ao capital, cabe acrescentar as seguintes informações de meus cadernos.

A forma baseada no mais-valor [*Surpluswerth*] absoluto eu chamo de *subsunção formal do trabalho ao capital*, porque difere apenas *formalmente* dos modos de produção anteriores com base nos quais ele surge diretamente (ou é introduzido), seja porque *producer selfemploying* [produtores empregadores de si mesmos], seja porque os produtores imediatos têm que fornecer mais-trabalho para outros. A *coerção* exercida, ou seja, o método pelo qual o mais-trabalho excedente é espoliado, é de um tipo diferente. A essência da *subsunção formal* é: 1) a relação puramente monetária entre aquele que se apropria do mais-trabalho e aquele que o fornece; na medida em que a *subordinação* surge, ela surge do *conteúdo determinado da venda*, não de uma *subordinação* pressuposta por *ela*, pela qual o produtor é colocado em uma relação diferente da relação dinheiro (relação do possuidor da mercadoria com o possuidor da mercadoria) com o explorador de seu trabalho em consequência de relações políticas etc.; é *apenas* como possuidor das condições de trabalho que aqui o comprador traz o vendedor para sua dependência *econômica*; não existe nenhuma relação política e socialmente fixada de sobreordenação* e subordinação;

2) O que está implícito na primeira relação – pois de outra forma o trabalhador não teria que vender sua capacidade de trabalho – é que suas *condições objetivas de trabalho* (meios de produção) e *condições subjetivas de trabalho* (meios de subsistência) o confrontam como *capital*, como monopolizadas pelo comprador de sua capacidade de trabalho. Quanto mais completamente essas *condições de trabalho* o confrontarem como propriedade estranha, tanto mais completamente se estabelecerá como *formal a*

---

* Para traduzir o termo *Ueberordnung* optamos aqui por um neologismo. Embora algumas traduções usem o termo "superioridade", cremos que ele não comporte o sentido exato da categoria em Marx. Trata-se da ideia de uma determinação que ordena de maneira preponderante os elementos que se encontram relacionados no interior de um complexo ou processo. Essa ideia pode ser remetida às análises feitas por Marx nos *Grundrisse*, a propósito do *ubergreifend Moment* [fator preponderante] da produção na interação entre produção, consumo, troca e distribuição; ver Karl Marx, *Grundrisse*: *Manuscritos econômicos de 1857-1858. Esboços da crítica da economia política* (trad. Mario Duayer e Nélio Schneider, São Paulo, Boitempo, 2011), p. 49 e 53. (N. T.)

Resultado do processo de produção imediato

relação entre capital e trabalho assalariado, ou seja, a subsunção formal do trabalho ao capital, condição e pressuposto da subsunção *real*.

Aqui ainda não existe diferença no próprio modo de produção. Considerado *tecnologicamente*, o *processo de trabalho* mantém-se como antes, só que agora segue como um processo de trabalho *subordinado* ao capital. No entanto, no próprio processo de produção, conforme desenvolvido anteriormente, 1) desenvolve-se uma relação *econômica* de sobreordenação e subordinação, na qual o consumo da capacidade de trabalho é feito pelo capitalista e, portanto, supervisionado e dirigido por ele; 2) desenvolve-se maior continuidade e intensidade de trabalho e maior economia na aplicação das condições de trabalho, na medida em que tudo é feito para que o produto represente apenas o *tempo de trabalho socialmente necessário* (ou *rather* [melhor] ainda menos) e isso tanto no que se refere ao trabalho vivo usado para sua produção quanto ao trabalho *objetivado*, que, como valor dos meios de produção usados, entra nele constituindo valor.

Com a *subsunção formal* do trabalho ao capital, a *coerção ao mais-trabalho* – e assim, por um lado, a formação de carências [*Bedürfnissen*] e de meios para satisfazer essas carências, bem como, [por outro lado,] de uma massa de produção que excede a medida das carências tradicionais do trabalhador – e a criação de *tempo livre* para o desenvolvimento, independentemente da produção material, recebem *apenas* uma *forma diferente* dos modos de produção anteriores, mas uma forma que aumenta a continuidade e a intensidade do trabalho, aumenta a produção, é mais favorável ao desenvolvimento de *variações de capacidade de trabalho* e, portanto, à diferenciação dos modos de trabalho e ocupação, e, finalmente, a relação entre os possuidores das condições de trabalho e os próprios trabalhadores se dissolve em uma pura *relação de compra e venda* ou *relação monetária*, eliminando da relação de exploração todas as amálgamas patriarcais e políticas ou mesmo religiosas. É certo que a própria *relação de produção* engendra uma nova relação de *sobreordenação* e *subordinação* (que também produz suas próprias expressões *políticas* etc.). Quanto menos a produção capitalista vai além da relação formal, menos desenvolvida é essa relação, pois pressupõe apenas pequenos capitalistas que pouco diferem dos próprios trabalhadores em termos de formação e ocupação.

||474| A diferença de *tipo da relação entre sobreordenação e subordinação*, sem afetar o próprio modo de produção, é mais evidente onde o trabalho subsidiário *rural* e *doméstico*, que era realizado exclusivamente para

Karl Marx – Capítulo VI (inédito)

satisfazer as exigências [*Bedarf*] da família, é transformado em ramos de trabalho capitalistas autônomos.

A diferença entre o trabalho *formalmente* subsumido pelo capital e o tipo de emprego anterior do trabalho aparece na mesma medida em que *aumenta a grandeza do capital* que o capitalista individual emprega, ou seja, o *número de trabalhadores empregados por ele ao mesmo tempo*. Somente com certo mínimo de capital o capitalista deixa de ser ele mesmo trabalhador e passa a reservar para si apenas a direção do processo de trabalho e o comércio das mercadorias produzidas. A subsunção *real* do trabalho ao capital, o *modo de produção propriamente capitalista* somente ocorre pela primeira vez onde capitais de certa grandeza assumem o controle da produção diretamente, seja porque o comerciante se torna um capitalista industrial, seja porque, sobre a base da *subsunção formal*, são constituídos capitalistas industriais de maior porte[a].

---

[a]   *"A free labourer has generally the liberty of changing his master: this liberty distinguishes a slave from a free labourer, as much as an Englisch man-of-war sailor is distinguished from a merchant sailor ... The condition of a labourer is superior to that of a slave, because a labourer* thinks *himself free; and this conviction, however erroneous, has no small influence on the character of a population."* [Um trabalhador livre tem geralmente a liberdade de mudar de senhor: essa liberdade distingue um escravo de um trabalhador livre, tanto quanto um marinheiro de navio de guerra inglês se distingue de um marinheiro mercante... A condição de um trabalhador é superior à de um escravo, porque um trabalhador se *considera livre*, e essa convicção, embora errônea, não exerce pouca influência sobre o caráter de uma população]; T. R. Edmonds, *Practical, Moral ana Political Economy*, Londres, 1828, p. [56-]57). "O motivo que leva um homem livre a trabalhar é muito mais violento do que aquele que leva um escravo: *a free man has to choose between hard labour and* starvation (procurar o lugar depois*), a slave between ... and a good whipping."* [um homem livre tem que escolher entre o trabalho duro e a fome (procurar o lugar depois), um escravo entre ... e uma boa surra.] (p. 56, 1.c.) *"The difference between the conditions of a slave and a labourer under the money system is very inconsiderable; ... the master of the slave understands too well his own interest to weaken his slaves by stinting them in their food; but the master of a free man gives him as little food as possible, because* the injury done to the labourer does not fall on himself alone, but on the whole class of masters." [A diferença entre as condições de um escravo e de um trabalhador sob o sistema monetário é muito insignificante; ... o senhor dos escravos entende muito bem seu próprio interesse para chegar a enfraquecê-los, racionando-lhes a comida; mas o senhor de um homem livre lhe dá o mínimo de comida possível, porque o *dano causado ao trabalhador não recai apenas sobre ele, mas sobre toda a classe patronal*.] (1.c.)
"Em tempos antigos, to make mankind laborious beyond their wants, *to make* one part of a state *work*, to maintain the other part gratuitously [*para que a humanidade trabalhasse além de suas necessidades*, para fazer *que uma parte do estado* trabalhasse, para *manter a*

Resultado do processo de produção imediato

Quando a relação de sobreordenação e subordinação toma o lugar das formas de escravidão, servidão, vassalagem, patriarcal etc., opera-se apenas uma *mudança em sua forma*. A forma *torna-se mais livre* porque é apenas de natureza *material*, formalmente voluntária, *puramente econômica*. (Verte)

||475| Ou a relação de *sobreordenação e subordinação* no processo de produção toma o lugar da *autonomia* anterior no processo de produção, como, por exemplo, de todos os camponeses autossustentáveis, agricultores, que só tinham que pagar uma renda do produto, seja ao Estado, seja aos latifundiários, ou toma o lugar da indústria subsidiária – doméstica, rural – ou do *artesanato autônomo*. Aqui, então, há uma perda da *autonomia* anterior no processo de produção, e a própria relação de sobreordenação ou subordinação é o produto da introdução do modo de produção capitalista.

Finalmente, a relação entre capitalista e trabalhador assalariado pode substituir o *mestre de corporação*, seus oficiais e aprendizes, transição pela

---

outra parte gratuitamente], isso apenas podia ser realizado através da escravidão: a escravidão foi, portanto, universalmente introduzida. *Slavery was then as necessary towards multiplication, as it would now be destructive of it. The reason is plain.* If mankind be not forced to labor, they will only labor for themselves; *and if they have few wants, there will be few labour. But when state come to be formed and have occasion for idle hands to defend them against the violence of their enemies, food at any rate must be procured for those* who do not labor; *and as by the supposition, the wants of the labourers are small, a method must be found to* increase their labour above the proportion of their wants. *For this purpose* slavery *was calculated ... The slaves were forced to labour the soil which fed both them and the idle freemen, as was the case in Sparta; or they filled all the servile places which freemen fill now, and they were likewise employed, as in Greece and in Rome, in supplying with manufactures those whose service was necessary for the state. Here then was a* violent method of making mankind laborious *in raising food ... Men were then forced to labor, because* they were slaves to others; *men are now forced to labour because they are* slaves of their own wants". [A escravidão era então tão necessária para a multiplicação, como agora seria destrutiva dela. A razão é clara. *Se a humanidade não fosse forçada a trabalhar, ela trabalharia apenas para si mesma*; e se eles tivessem poucos desejos, haveria pouco trabalho. Mas, quando o Estado se formou e as mãos ociosas tiveram necessidade de defendê-lo contra a violência de seus inimigos, foi necessário conseguir comida para aqueles *que não trabalham*; e como, por suposição, as necessidades dos trabalhadores são pequenas, foi preciso encontrar um método para *aumentar seu trabalho acima da proporção de suas necessidades*. Para isso foi criada a *escravidão*… Os escravos eram obrigados a trabalhar no solo que alimentava tanto eles quanto os homens livres ociosos, como era o caso de Esparta; ou executavam todos os trabalhos servis que os homens livres ocupam agora, e eles foram igualmente empregados, como na Grécia e em Roma, no fornecimento de manufaturas para aqueles cujo serviço era necessário para o Estado. Aqui estava então

Karl Marx – Capítulo VI (inédito)

qual a manufatura urbana passa parcialmente em seu nascimento. A *relação da corporação medieval*, que se desenvolveu de forma análoga em círculos restritos em Atenas e Roma, e que foi tão decisivamente importante na Europa para a formação dos capitalistas, por um lado, e para a formação de uma classe trabalhadora livre, por outro, é uma forma *limitada*, ainda não adequada, das relações de capital e trabalho assalariado. De uma parte, há a relação de comprador e vendedor. Os salários são pagos, e o mestre, o oficial e o aprendiz se enfrentam como pessoas livres. A base tecnológica dessa relação é a *oficina artesanal*, em que o manuseio mais ou menos habilidoso do *instrumento de trabalho* é o fator decisivo na produção. O trabalho pessoal autônomo e, portanto, seu desenvolvimento profissional, que exige um estágio mais ou menos longo, determina nesse caso o resultado do trabalho. Aqui o mestre está de posse das condições de produção, das ferramentas do ofício, do material de trabalho (embora as ferramentas do ofício também possam pertencer ao oficial), o produto pertence a ele. Desse modo, ele é um *capitalista*. Contudo, como capitalista ele não é um *mestre*. Em primeiro lugar, ele próprio é um *artesão* e *supposed* [supõe-se] ser um mestre em seu ofício. No interior do próprio processo de produção, ele figura como artesão tanto quanto seus oficiais e primeiro inicia seus aprendizes no segredo do ofício. Sua relação com seus aprendizes e artesãos é a mesma que um professor tem com seus alunos. Sua relação com os aprendizes e oficiais não é, portanto, a do capitalista

---

um método violento de tornar a humanidade laboriosa na produção de alimentos... Os homens eram então forçados a trabalhar, porque *eram escravos de outros*; os homens agora são forçados a trabalhar porque são *escravos de suas próprias necessidades.*] (J. Steuart, *An Inquiry into the Principles of Political Economy*, v. I, Dublin Edit., p. 38-40).
"No século XVI", diz o mesmo Steuart, "enquanto por um lado os *lords* [senhores] demitiram seus servidores, os agricultores", que se transformaram em capitalistas industriais, "despediram as bocas ociosas. De means of subsistence [*meio de subsistência*], a agricultura foi *transformada* em comércio". A consequência foi: "The withdrawing ... a number of hands from a trifling agriculture forces, in a manner, the husbandmen to work harder; and by *hard labour upon a small spot*, the same *effect* is produced *as with slight labor upon a great extent*" [A retirada... de um número de mãos de uma agricultura insignificante que força, de certa forma, os agricultores a trabalhar mais; e pelo *trabalho duro em um pequeno terreno*, o mesmo *efeito* é produzido com trabalho leve em grande extensão] (1.c., p. 105.). [O texto desta nota de rodapé encontra-se em página adicional, escrita posteriormente por Marx e não numerada. Como, sob o corpo da p. 474 do manuscrito, texto a que se refere a nota em rodapé, figura ainda breve parágrafo, Marx incluiu no começo da nota a seguinte observação: "Este "a" *não se refere à última passagem*, mas à anterior". Depois dessa observação, segue o texto da nota – N. T.]

Resultado do processo de produção imediato

enquanto tal, mas a do *mestre* no ofício, que como tal ocupa, em relação a eles, uma posição hierárquica na corporação que *supposed* [supõe-se] ser baseada em sua *maestria* no ofício. Seu capital é, portanto, tanto em sua *figura material* quanto em sua *amplitude de valor*, um capital vinculado, que de modo algum ainda tem a figura livre do capital. Não é um *determinado quantum de trabalho objetivado*, valor em geral, que pode assumir, e assume a bel-prazer, esta ou aquela forma de condições de trabalho, conforme se troque à vontade por esta ou aquela forma de trabalho vivo para adquirir mais-trabalho. Somente depois de ter passado pelos estágios prescritos de aprendiz, oficial etc. e de ter realizado seu trabalho de mestre, pode empregar seu dinheiro nesse *ramo de trabalho determinado*, em seu ofício específico, parcialmente nas condições objetivas do trabalho artesanal, parcialmente para comprar oficiais e manter aprendizes. Somente em seu próprio ofício pode transformar seu dinheiro em capital, ou seja, usá-lo não apenas como meio de seu próprio trabalho, mas também como meio de explorar o trabalho alheio. Seu capital está vinculado a uma forma específica de *valor de uso* e, portanto, não se defronta como *capital* com seus trabalhadores. Os métodos de trabalho que ele utiliza não são apenas baseados na experiência, mas prescritos pela guilda – são considerados necessários e, assim, desse ponto de vista, não é o valor de troca, mas o valor de uso do trabalho que aparece como fim último. Não depende do arbítrio dele entregar um trabalho desta ou daquela qualidade, mas todo o negócio da guilda é voltado para entregar *determinada qualidade*. Assim como o método de trabalho, o preço do trabalho não está sob seu arbítrio. A forma *limitada* que impede seu patrimônio de funcionar como capital é demonstrada ainda pelo fato de que um *máximo* é na realidade prescrito para a amplitude do valor de seu capital. Ele não pode manter mais do que certo *número de oficiais*, uma vez que a guilda se destina a garantir que todos os mestres recebam uma alíquota dos ganhos de seu ofício. Por fim, temos a relação do mestre com os outros mestres como membros da guilda; enquanto tal, ele era parte de uma corporação que possuía certas condições comuns de produção (ordenamento da guilda etc.), direitos políticos, participação na administração municipal etc. Ele trabalhava por encomenda – com exceção de seu trabalho para comerciantes – por valor de uso imediato, e de acordo com isso era regulado o número de mestres. Ele não está de frente a seus trabalhadores como *mero comerciante*. Menos ainda pode o comerciante transformar seu dinheiro

Karl Marx – Capítulo VI (inédito)

em capital produtivo; ele pode apenas "transferir" as mercadorias, não as produzir ele mesmo. *A existência segundo sua posição social* – não o valor de troca enquanto tal, não o enriquecimento enquanto tal, aparece aqui como finalidade e resultado da exploração do trabalho alheio. O decisivo aqui é o *instrumento*. Em muitos ramos de trabalho (por exemplo, alfaiataria), a matéria-prima é entregue ao próprio mestre por seus clientes. O limite da produção dado pelo conjunto do consumo é a lei aqui. Não é, portanto, de modo algum regulado pelos limites do próprio capital. Na relação capitalista, os limites desaparecem junto com os laços políticos e sociais no interior dos quais o capital ainda se move e, portanto, ainda não aparece como *capital*.

||476| A transformação meramente formal da empresa artesanal em empresa capitalista, em que o processo tecnológico inicialmente permanece o mesmo, consiste na *abolição de todos esses limites* – com que também se altera a relação entre sobreordenação e subordinação. O mestre não é mais um capitalista por ser mestre, mas um mestre por ser capitalista. O limite de sua produção não é mais condicionado pelo limite de seu capital. O capital (*dinheiro*) pode ser trocado à vontade por qualquer *tipo de trabalho* e, portanto, quaisquer condições de trabalho. Ele pode deixar de ser um artesão. Com a súbita expansão do comércio e com ela a demanda de mercadorias pela classe comercial, a empresa de guildas teve de ser empurrada para além de seus limites e formalmente transformada em empresa capitalista.

Em comparação com o artesão autônomo que trabalha para *stray customers* [clientes ocasionais], aumenta naturalmente a continuidade do trabalhador que trabalha para o capitalista, cujo trabalho não é limitado pelas carências casuais de *customers* [clientes] singulares, mas apenas pelas necessidades de exploração do capital que o emprega. Em relação ao escravo, esse trabalho torna-se mais produtivo por ser mais intenso, ele trabalha apenas sob o impulso do medo exterior, mas não por *sua existência*, que, ainda que não lhe pertença, não obstante, está *garantida*; o trabalhador livre, em contrapartida, é movido por suas *wants* [necessidades]. A consciência (ou melhor, a *representação*) de livre autodeterminação, de liberdade e o *feeling* [sentimento] associado (consciência) de *responsability* [responsabilidade] fazem do trabalhador livre muito melhor que o trabalhador escravo, pois, como todo vendedor de mercadorias, é responsável pelas mercadorias que entrega, e deve entregá-las com certa qualidade,

Resultado do processo de produção imediato

para não ser expulso do campo por outros vendedores de mercadorias da mesma *species* [espécie]. A *continuidade da relação* de escravo e senhor de escravos é uma relação em que o escravo é mantido por coação direta. Já o trabalhador livre, pelo contrário, deve manter a relação, pois sua existência e a de sua família dependem da renovação contínua da venda de sua capacidade de trabalho aos capitalistas.

No caso do escravo, o *mínimo de salário* aparece como uma grandeza constante independente de seu próprio trabalho. No entanto, em relação ao trabalhador livre, esse *valor de sua capacidade de trabalho* e o *salário médio* correspondente a ele não aparecem nesse limite predestinado, que é independente de seu próprio trabalho e determinado por suas carências puramente físicas. A *média* aqui é mais ou menos *constante* para a classe, como o valor de todas as mercadorias; mas não existe nessa realidade imediata para o trabalhador *singular*, cujo salário pode estar acima ou abaixo desse mínimo. O *preço do trabalho* às vezes cai abaixo, às vezes sobe acima *do valor da capacidade de trabalho*. Ademais, existe um campo de ação (*within narrow limits* [dentro de limites estreitos]) para a *individualidade* do trabalho, do qual resultam diferenças de salários, em parte entre *ramos de trabalhos diversos*, em parte no interior dos *próprios* ramos de trabalho, de acordo com a diligência, habilidade, força etc. do trabalhador, e essas diferenças são determinadas, até certo ponto, pela medida de seu rendimento pessoal. Assim, a grandeza dos salários parece ser o resultado do próprio trabalho e de sua qualidade individual. Isso se desenvolve especialmente onde se paga o *salário por peça*. Embora, como mostrado, isso não mude nada na relação geral entre capital e trabalho, entre mais-trabalho e trabalho necessário, no entanto expressa a relação de maneira diferente para o trabalhador singular, na verdade, mais precisamente de acordo com a medida de seu desempenho pessoal. No caso do escravo, força ou habilidade particular podem aumentar o *valor de compra* de sua pessoa, mas isso não lhe diz respeito. É diferente com o trabalhador livre, que é o próprio proprietário de *sua capacidade de trabalho*.

I I477I O valor mais alto dessa capacidade de trabalho deve ser pago a ele mesmo e se expressa em salários mais altos. Há, portanto, grandes diferenças salariais, dependendo de o trabalho particular exigir ou não uma capacidade de trabalho mais desenvolvida, o que envolve maiores custos de produção, abrindo, por um lado, um campo de ação para diferenças individuais e, por outro, proporcionando um estímulo para o

Karl Marx – Capítulo VI (inédito)

desenvolvimento da própria capacidade de trabalho. Uma vez que a massa de trabalho deve consistir em *labour* [trabalho] mais ou menos *unskilled* [não qualificado] e, portanto, a maior parte dos salários deve também ser determinada pelo valor da *capacidade de trabalho simples*, continua sendo possível para cada indivíduo com energia e talento particulares etc. ascender a uma esfera de trabalho mais elevada, assim como permanece a possibilidade abstrata de que este ou aquele trabalhador se torne um capitalista e explorador do trabalho alheio. O escravo pertence a um determinado *master* [senhor], o trabalhador deve vender-se ao capital, mas não a um determinado capitalista, e assim, dentro de certas esferas, ele pode escolher a quem se vender e pode mudar de *master* [senhor]. Todas essas relações modificadas tornam a atividade do trabalhador livre mais intensa, mais contínua, mais ágil e mais habilidosa do que a do escravo, além de o tornarem capaz de uma ação histórica bem diferente. O escravo recebe os meios de subsistência necessários à sua subsistência na *forma natural*, que também é fixada em termos de tipo e volume – em *valores de uso*. O trabalhador livre a recebe na forma de *dinheiro, valor de troca*, forma social abstrata da riqueza. Por mais que o salário não seja nada mais do que a forma *prateada* ou *dourada* ou *cobreada* ou *de papel* dos meios de subsistência necessários, nos quais ele deve ser constantemente dissolvido – o *dinheiro* funciona aqui como uma forma evanescente do valor de troca, como mero *meio de circulação* – na representação [do trabalhador], porém, a finalidade e o resultado de seu trabalho continuam sendo a *riqueza abstrata*, o *valor de troca*, e não um valor de uso determinado, tradicional e localmente limitado. É o próprio trabalhador que converte o dinheiro em qualquer valor de uso, compra com ele qualquer mercadoria, e, como *possuidor de dinheiro*, como comprador de mercadorias, tem com os vendedores de mercadorias exatamente a mesma relação que todos os outros compradores. As condições de sua existência naturalmente o forçam – assim como o valor do dinheiro que ele adquiriu – a utilizá-lo em um círculo bastante circunscrito de meios de subsistência. Ainda assim, no entanto, é possível alguma variação, como, por exemplo, os jornais que constam como necessidades de vida do trabalhador urbano inglês. Ele pode guardar alguma coisa, entesourar. Ele também pode gastar seu salário em *schnapps* [aguardente] etc. Mas dessa forma ele age como um agente livre, que deve responsabilizar-se por seus atos; ele é responsável perante si mesmo pela maneira como *spends his wages* [gasta seu salário].

Resultado do processo de produção imediato

Ele aprende a dominar a si mesmo em *contraste com o escravo* que precisa de um senhor. Certamente, isso só é válido se considerarmos a transformação de servos ou escravos em trabalhadores assalariados livres. A relação capitalista aparece aqui como uma elevação na escala social. Ocorre o inverso onde o camponês ou artesão autônomo é transformado em trabalhador assalariado. Que diferença entre os *proud yeomanry of England* [orgulhosos lavradores da Inglaterra] de que fala Shakespeare e os diaristas agrícolas ingleses! Uma vez que a finalidade do trabalho do assalariado é unicamente o salário, o dinheiro, certo *quantum* de valor de troca em que se dissolve cada particularidade do valor de uso, ele é completamente indiferente ao *conteúdo* de seu trabalho e, portanto, ao tipo particular de sua atividade, enquanto essa atividade em sistema de guilda ou casta conta como atividade profissional e, no caso dos escravos, assim como com os animais de tração, é apenas um determinado tipo de atividade de exercício de sua capacidade de trabalho, que lhes é imposta e é tradicional,. Na medida em que a divisão do trabalho não tornou de todo unilateral a capacidade de trabalho, o trabalhador livre *está em princípio* disponível e pronto para qualquer variação de sua capacidade de trabalho e de sua atividade de trabalho (como mostra a *surpluspopulation* [superpopulação] do campo que constantemente muda para as cidades) que prometa melhores salários. Se o trabalhador adulto é mais ou menos incapaz dessa variação, ele a considera sempre aberta à nova prole, e a nova geração de trabalhadores em crescimento está sempre disponível para distribuir-se nos novos ramos de trabalho ou ramos de trabalho particularmente florescentes. Na América do Norte, onde o desenvolvimento do trabalho assalariado foi menos afetado por reminiscências do antigo sistema de guildas etc., essa *variabilidade,* essa completa indiferença em relação ao conteúdo determinado do trabalho, essa capacidade de transferência de um ramo para outro manifesta-se, também, de modo particular. O contraste dessa *variabilidade* com o caráter monótono e tradicional do *trabalho escravo*, que não varia de acordo com as condições de produção, mas, inversamente, exige que a produção se adapte ao modo de operação tradicionalmente herdado, é, por isso, considerado por todos os escritores dos Estados Unidos como grande característica do trabalho assalariado livre do Norte contra o trabalho escravo do Sul. (Ver Cairnes*.) A formação constante de *novos tipos*

---

*   J. E. Cairnes, *The slave power*, Londres, 1862. (N. T.)

Karl Marx – Capítulo VI (inédito)

de trabalho, essa variação constante – que corresponde à diversidade dos valores de uso e, portanto, também ao desenvolvimento real do valor de troca –, só é possível com o modo de produção capitalista como resultado da contínua divisão do trabalho na *sociedade como um todo*. Ela começa com a oficina de artesanato livre, onde não encontra barreira na ossificação de cada ramo determinado de negócio.

||478| Após esse acréscimo sobre a *subsunção formal do trabalho ao capital*, chegamos agora à:

Subsunção real do trabalho ao capital

Aqui permanece válida a característica *geral da subsunção formal*, ou seja, a *subordinação direta do processo de trabalho*, seja qual for o modo tecnologicamente operado, *ao capital*. Mas nessa base surge um *modo de produção* tecnologicamente e diversamente *específico* que *transforma a natureza real do processo de trabalho e suas condições reais* – o *modo de produção capitalista*. Tão logo isso ocorre, ocorre a *subsunção real do trabalho ao capital*.

"Agriculture for subsistence ... *changed for* agriculture for trade ... *the* improvement of the national territory ... *proportioned to this* change." [*A agricultura para subsistência...* transformada em *agricultura para o comércio...* a *melhoria do território nacional...* proporcionado por essa *mudança*.] (Nota. A. Young, *Political Arithmetic.*, Londres, 1774, p. 49)

A subsunção real do trabalho ao capital se desenvolve em todas as formas que desenvolvem mais-valor relativo, distinto do mais-valor absoluto.

Com a subsunção real do trabalho ao capital, ocorre uma revolução completa (que se aprofunda e renova constantemente[a]) no próprio modo de produção, na produtividade do trabalho e na relação entre capitalista e trabalhador.

Com a subsunção real do trabalho ao capital, ocorrem todas as mudanças no processo de trabalho que expusemos anteriormente. As *forças produtivas sociais do trabalho* são desenvolvidas e, com o trabalho em grande escala, a ciência e a maquinaria são aplicadas à produção imediata. Por um lado, o *modo de produção capitalista*, que agora se caracteriza como

---

[a] *Manifest der Komm. Partei*, 1848 ["Essa subversão contínua da produção, esse abalo constante de todo o sistema social, essa agitação permanente e essa falta de segurança distinguem a época burguesa de todas as precedentes"; ed. bras.: *Manifesto comunista*, cit., p. 43 – N. T.]

Resultado do processo de produção imediato

modo de produção *sui generis*, cria uma figura modificada de produção material. Por outro lado, essa mudança na figura material constitui a base do desenvolvimento da relação de capital, cuja figura adequada corresponde, portanto, a um certo grau de desenvolvimento das forças produtivas do trabalho.

Já vimos que um determinado e sempre *crescente mínimo de capital* nas mãos do capitalista singular é, por um lado, um pressuposto necessário e, por outro, um resultado constante do modo de produção *especificamente* capitalista. O capitalista deve ser o proprietário ou possuidor dos meios de produção em *escala social*, em escala de valor desproporcional à produção possível do indivíduo ou de sua família. Esse *mínimo de capital* é tanto maior em um ramo de negócios quanto mais é conduzido de forma capitalista, quanto mais desenvolvida está nele a produtividade social do trabalho. Na mesma medida, o capital deve aumentar em grandeza de valor e assumir dimensões sociais, ou seja, abandonar todo caráter *individual*. É precisamente a produtividade do trabalho, a massa da produção, a massa da população, a massa da superpopulação, que se desenvolve nesse modo de produção que – com capital e trabalho tornados livres – constantemente faz surgir novos ramos de negócios nos quais o capital pode novamente trabalhar em menor escala e percorrer, novamente, as várias fases de desenvolvimento até que esses novos ramos de atividade também sejam operados em escala social. Esse processo é constante. Ao mesmo tempo, a *produção capitalista* tende a conquistar todos | |479| os *ramos industriais* de que não se apoderou até então, onde se dá apenas a *subsunção formal*. Assim que se apodera da agricultura, da indústria de mineração, da fabricação dos principais materiais têxteis etc., toma conta das outras esferas, nas quais só existiam artesãos *formalmente* autônomos. Já foi observado na análise como a introdução de maquinaria em um ramo leva à sua adoção em outros ramos e ao mesmo tempo em outros setores do mesmo ramo. Por exemplo, a fiação mecânica leva à tecelagem mecânica; fiação mecânica na indústria do algodão conduz à fiação mecanizada da lã, do linho, da seda etc. O uso intensivo de máquinas em minas de carvão, na manufatura de algodão etc. tornou necessária a introdução da produção em grande escala na própria fabricação de máquinas. No entanto, abstraindo do aumento dos meios de transporte que esse modo de produção exigia em grande escala, foi apenas pela introdução de máquinas na própria fabricação de máquinas – sobretudo dos *Prime Motors*

Karl Marx – Capítulo VI (inédito)

[geradores cíclicos de energia] – que se tornou possível a introdução dos navios a vapor e das ferrovias, o que revolucionou integralmente a construção naval. A grande indústria lança essas massas de homens nos ramos que ainda não estão sujeitos a ela, ou cria nelas o excesso de população relativa, que é necessário para a transformação do artesanato ou das pequenas empresas formalmente capitalistas em grande indústria. Vejamos o que diz a "jeremiada" Tory:

"In the good old times, when 'Live and let live' was the general motto, every man was contented with one avocation. In the cotton trade, there were weavers, cotton spinners, blanchers, dyers, and several other independent branches, all living upon the profits of their respective trades, and all, as might be experted, contented and happy. By and by, however, when the downward course of trade had proceeded to some extent, first one branch was adopted by the capitalist, and then another, till in time, the whole of the people were ousted, and thrown upon the market of labour, to find out a livelihood in the best manner they could. Thus, although no charter secures to these men the right to be cotton-spinners, manufacturers, printers etc, yet the course of events has invested them with a monopoly of all... *They have become Jack-of-all trades, and as far as the country is concerned in the business, it is to be feared, they are masters of none."* [Nos bons velhos tempos, quando 'viva e deixe viver' era o lema geral, todo homem se contentava com uma vocação. Na indústria de algodão, havia tecelões, fiandeiros, branqueadores, tintureiros e vários outros ramos independentes, todos vivendo dos lucros de seus respectivos negócios, e todos, conforme se sabe, contentes e felizes. Aos poucos, porém, quando o curso sucessivo da indústria continuou até certo ponto, o capitalista se apropriou de um ramo e depois outro, até que, com o tempo, todo o povo foi expulso e lançado no mercado de trabalho, para encontrar um meio de vida da melhor maneira que pudesse. Assim, embora nenhum documento garanta a esses homens o direito de serem fiandeiros, manufatureiros, estampadores de algodão etc., o curso dos eventos os levou a um *monopólio de todos* [esses ofícios]... Intrometeram-se em todos os ofícios e, na medida em que o problema interessa a este país, é de se temer que eles não sejam mestres de nenhum*.] (Carlisle, *Public Economy Concentrated* etc., 1833, p. 56)

---

* Esta última frase ressoa ironicamente o provérbio inglês: *A Jack-of-all-trade is master of none*, aquele que faz tudo não faz nada bem. (N. T.)

Resultado do processo de produção imediato

O resultado *material* da produção capitalista, além do desenvolvimento das *forças produtivas sociais do trabalho*, é o *aumento da massa de produção* e o *aumento e a diversificação das esferas de produção* e seus ramos; por via de consequência, desenvolve-se o valor de *troca* dos produtos – a *esfera* em que atuam ou se realizam como *valor de troca*.

A *"produção pela produção"* – a produção como um fim em si mesma – já ocorre com a *subsunção formal do trabalho ao capital*, tão logo a finalidade imediata da produção passa a ser produzir *a maior quantidade possível de mais-valor*, tão logo o valor de troca do produto se torna a finalidade decisiva. No entanto, essa tendência *imanente* à relação de capital só se *realiza da maneira adequada* – e ela mesma se torna uma *condição necessária*, também *tecnologicamente* – assim que o *modo de produção especificamente capitalista* se desenvolve e com ele *a subsunção real do trabalho ao capital*.

||480| Este último já foi desenvolvido com tantos detalhes que podemos ser bastantes breves aqui. É uma produção que não está ligada a limitações predeterminadas e predeterminantes das carências. (Seu caráter antagônico inclui *limites à produção*, que ela busca constantemente ultrapassar. Daí as crises, a superprodução etc.) Esse é um aspecto, em contraste com os modos de produção anteriores; *if you like* [se quiser], o lado positivo. O outro aspecto é o caráter negativo ou antagônico: *produção* em oposição ao *produtor* e sem se preocupar com ele. O produtor real como mero meio de produção, a riqueza material como um fim em si mesmo. E, portanto, o desenvolvimento dessa riqueza material em contraste e à custa do indivíduo humano. Em geral, *produtividade do trabalho = máximo de produto* com *mínimo de trabalho*, portanto barateamento das mercadorias tanto quanto possível. No modo de produção capitalista, isso se torna a *lei*, independentemente da vontade do capitalista singular. E essa lei só se realizará se estiver relacionada com outra, segundo a qual a escala de produção não é determinada de acordo com as carências dadas, mas, ao contrário, a massa do produto é determinada pela escala de produção constantemente crescente prescrita pelo próprio modo de produção. Sua finalidade é que o produto singular etc. contenha o *máximo* possível de *trabalho não pago*, e isso só é alcançado por meio da *produção pela produção*. *Por um lado*, isso se manifesta como uma *lei* na medida em que o capitalista, que produz em escala muito pequena, incorpora nos produtos um *quantum* de trabalho maior do que aquele socialmente necessário. Manifesta-se, portanto, como uma implementação adequada da *lei do valor*, que só se

Karl Marx – Capítulo VI (inédito)

desenvolve plenamente na base do modo de produção capitalista. Mas, *por outro lado*, manifesta-se como um impulso do capitalista singular que, para transgredir essa lei ou *burlá-la astutamente* em seu próprio benefício, procura rebaixar o *valor individual* de sua mercadoria *abaixo* do valor socialmente determinado.

O que todas essas formas de produção (de mais-valor relativo) têm em comum, além do *crescente mínimo de capital necessário* para a produção, é que as *condições coletivas* de trabalho de muitos trabalhadores que cooperam diretamente permitem uma *economia*, em contraste com a fragmentação dessas condições de produção em pequena escala – uma vez que a *eficácia dessas condições comuns de produção* não exige um aumento proporcional igual de sua massa e de seu *valor*. Seu *uso comum e simultâneo* faz com que seu valor *relativo* (em relação ao produto) *diminua* ainda que a massa absoluta de valor aumente.

Trabalho produtivo e improdutivo.

Queremos antecipar brevemente esse assunto antes de considerarmos a *figura modificada* do capital como resultado do modo de produção capitalista.

Uma vez que a finalidade imediata e o *produto autêntico* da produção capitalista são o *mais-valor*, só é *trabalho produtivo* – e só é um *trabalhador produtivo* aquele que emprega a capacidade de trabalho – o que produz imediatamente mais-valor, isto é, apenas o trabalho que *é consumido* diretamente no processo de produção para a valorização do capital.

Do simples ponto de vista do *processo de trabalho* em geral, o trabalho que se realizava em um *produto*, mais precisamente em uma *mercadoria*, parecia-nos *produtivo*. Do ponto de vista do processo de produção capitalista, acrescenta-se a determinação mais precisa de que é produtivo o trabalho que valoriza imediatamente o capital ou produz *mais-valor*, ou seja, é *realizado* sem equivalente para o trabalhador, para seu executor, em *surplusvalue* [mais-valor], representado em um mais-produto [*Surpluspro-duce*], ou seja, um *incremento excedente de mercadorias* para o *monopoliser dos means of labour* [monopolizador dos meios de trabalho], para o *capitalista*; é produtivo apenas o trabalho que põe capital variável e, portanto, o capital total como C + ΔC = C + Δv. Portanto, é o trabalho que serve imediatamente ao capital como *agency* [agente] de sua *autovalorização*, como meio para a produção de mais-valor.

Resultado do processo de produção imediato

O processo de trabalho capitalista não suprime as determinações gerais do processo de trabalho. Ele produz produto e mercadoria. Nessa medida, permanece produtivo o trabalho que se objetiva em *mercadorias* como unidades de valor de uso e valor de troca. Mas o processo de trabalho é apenas um meio para o processo de valorização do capital. É produtivo, portanto, o trabalho que se representa em *mercadorias*, mas, se considerarmos as mercadorias singulares, representa trabalho *não pago* em uma parte alíquota delas, ou se considerarmos o produto total, que representa simples trabalho não pago em uma parte alíquota da *massa total de mercadorias*, ou seja, representa um *produto* que não custa nada aos capitalistas.

O *trabalhador* que realiza *trabalho produtivo* é *produtivo*, e é *produtivo* o *trabalho* que cria imediatamente *mais-valor*, isto é, *valoriza* o capital.

||481| Somente a estreiteza burguesa, que considera a forma capitalista de produção sua forma absoluta e, portanto, a única forma natural de produção, pode confundir a questão do que são *trabalho produtivo* e *trabalhador produtivo* do ponto de vista do capital com a questão do que é realmente o *trabalho produtivo* e, assim, contenta-se com a resposta tautológica de que é produtivo todo trabalho que produz, que resulta em um produto, em qualquer valor de uso, em qualquer resultado.

Só é produtivo o trabalhador cujo processo de trabalho é = ao *processo de consumo produtivo* da capacidade de trabalho – o portador desse trabalho – pelo capital ou pelo capitalista.

Duas coisas decorrem imediatamente disso:

Em primeiro lugar: já que, com o desenvolvimento da *subsunção real do trabalho ao capital* ou do *modo de produção especificamente capitalista*, não é o trabalhador singular, mas cada vez mais uma *capacidade de trabalho socialmente combinada*, que se torna o *funktionär* [funcionário] *real* do processo global de trabalho, e, já que as diversas capacidades de trabalho que concorrem e que constituem a máquina produtiva em seu todo participam de formas muito diferentes no processo imediato de formação de mercadoria, ou melhor, de formação do produto – uns trabalham mais com as mãos, outros mais com a cabeça, alguns como gerentes, engenheiros, tecnólogos etc., outros como inspetores, ainda outro como trabalhador manual direto, ou mesmo apenas como ajudante –, um número sempre maior de *funções de capacidade de trabalho* está sob o conceito imediato de *trabalho produtivo* e seus portadores estão sob o conceito de *trabalhadores produtivos*, diretamente explorados pelo capital e *subordinados* em geral a seu processo de valorização e produção. Se considerarmos o *conjunto de trabalhadores* que compõe o ateliê, então, *materialiter* [materialmente], sua *atividade combinada* se realiza de forma imediata em um *produto total*, que é ao mesmo tempo uma *massa total de mercadorias*, de modo que é completamente irrelevante se a função do trabalhador singular, que é apenas um membro desse conjunto de trabalhadores, está mais ou menos próxima do trabalho manual imediato. Mas então: a atividade dessa capacidade total de trabalho é seu *consumo produtivo imediato pelo capital*, isto é, o processo de autovalorização do capital, produção imediata de mais-valor e, portanto, conforme será desenvolvido em seguida, *sua transformação imediata em capital*.

Segundo: as características mais específicas do trabalho produtivo decorrem por si mesmas dos traços característicos dados do processo de produção capitalista. *Em primeiro lugar*, o possuidor da capacidade de trabalho confronta o capital ou o capitalista como *vendedor* dessa capacidade de trabalho – expresso irracionalmente, como vimos, como vendedor direto de *trabalho vivo, não de mercadorias*. Ele é um *trabalhador assalariado*. Esse é o *primeiro pressuposto*. Em segundo lugar, porém, introduzido por esse processo preliminar da circulação, sua capacidade de trabalho e seu trabalho como *fator vivo* são imediatamente incorporados ao processo de produção do capital; ele mesmo se torna um de seus *componentes*, a saber, o componente *variável*, que não só conserva uma parte dos valores de capital adiantados, parcialmente reproduzidos, mas ao mesmo tempo *os aumenta* e, portanto, graças a essa criação de mais valor os transforma em valores que valorizam a si mesmos, em capital. Esse trabalho se *objetiva* imediatamente durante o processo de produção como *grandeza de valor que flui*.

Por um lado, a *primeira condição pode ocorrer sem que a segunda ocorra*. Um trabalhador pode ser *assalariado*, diarista etc. Isso ocorre sempre que falta o segundo momento. Todo trabalhador produtivo é um trabalhador assalariado, mas nem todo trabalhador assalariado é um trabalhador produtivo. Na medida em que o trabalho é comprado para ser consumido como *valor de uso*, como *serviço*, e não como *fator vivo* para substituir o valor do capital variável e ser incorporado ao processo de produção capitalista, o trabalho não é trabalho produtivo e o trabalhador assalariado não é um trabalhador produtivo. Seu trabalho é então consumido por seu *valor de uso*, não como trabalho *que gera valor de troca*; ele é consumido improdutivamente, não de

Resultado do processo de produção imediato

maneira produtiva. O capitalista, portanto, não o enfrenta como capitalista, como representante do capital. Ele troca seu dinheiro por ele como *renda*, não como *capital*. Seu consumo não constitui D-M-D', mas M-D-M (este último é o *trabalho* ou o próprio *serviço*). O dinheiro funciona aqui apenas como meio de circulação, não como capital.

||482| Assim como as mercadorias que o capitalista compra para seu consumo privado não são consumidas produtivamente, não se tornam *fatores do capital*, tampouco o são os *serviços* que ele compra para seu *consumo*, voluntariamente ou de maneira forçada (pelo Estado etc.). Esses serviços não se tornam fatores do capital. Eles não são, portanto, trabalho produtivo, e seus portadores não são *trabalhadores produtivos*.

Quanto mais a produção em geral se desenvolve como produção de mercadorias, tanto mais cada um deve e quer tornar-se *comerciante de mercadorias*, ganhar dinheiro, seja com seu produto, seja com seus *serviços* – se seu produto, de acordo com sua natureza, só existe em forma de serviço –, *ganhar dinheiro* aparece como o fim último de todo tipo de atividade[a]. Na produção capitalista, por um lado, a produção de produtos como mercadorias e, por outro, a forma de trabalho como *trabalho assalariado* tornam-se absolutas. Uma massa de funções e atividades que tinham uma auréola em torno de si eram consideradas fins em si mesmas, e eram feitas gratuitamente ou eram pagas de forma indireta (como todos os *professionals* [profissionais], médicos, *barristers* [advogados] etc. na Inglaterra, onde o *barrister* [advogado] e o *physician* [médico] não podiam ou não podem *exigir pagamento*), transforma-se, no entanto, diretamente em *trabalhadores assalariados*, por mais diferentes que sejam seu conteúdo e seu pagamento[b]. Em contrapartida, as funções e as atividades ficam – o cálculo de seu valor, o *preço* dessa atividade variada da prostituta ao rei – sob *as leis* que regulam *o preço do trabalho assalariado*. O desenvolvimento desse último ponto pertence a um tratado especial sobre trabalho assalariado e salários, e não a esta seção. Este fenômeno, pelo qual, com o desenvolvimento da produção capitalista, todos os *serviços* se transformam em *trabalho assalariado* e todos

---

[a] Aristóteles. [A referência é à definição aristotélica de crematística (*Política*, 1256b – 1258a) – N. T.]

[b] *Manif. der Komm. Partei.* ["A burguesia despojou de sua auréola todas as atividades até então reputadas como dignas e encaradas com piedoso respeito. Fez do médico, do jurista, do sacerdote, do poeta, do sábio seus servidores assalariados"; ed. bras.: Karl Marx e Friedrich Engels, *Manifesto comunista*, cit., p. 42 – N. T.]

Karl Marx – Capítulo VI (inédito)

aqueles que os executam se transformam em *assalariados*, tendo pois, esse *caráter* em comum com os trabalhadores produtivos, dá ainda mais razão para confundir os dois, porque é um fenômeno que caracteriza a *produção capitalista* e é ele próprio criado por ela. No entanto, oferece aos apologistas a ocasião de transformar o trabalhador produtivo, por ser um assalariado, em um trabalhador que apenas troca seus *serviços* (isto é, seu trabalho como valor de uso) por *dinheiro*. Dessa forma, esquecem alegremente a *differentia specifica* [diferença específica] desse "trabalhador produtivo" e da produção capitalista – como produção de mais-valor, como processo de autovalorização do capital, cuja mera *agency* [instrumento] incorporada é o trabalho vivo. Um soldado é um assalariado, um mercenário, mas não se torna por isso um trabalhador produtivo.

Outro erro surge de duas fontes.

Em primeiro lugar: no interior da produção capitalista, partes do trabalho produtor de mercadorias são sempre realizadas de uma maneira que pertence aos *modos de produção anteriores*, em que a *relação entre capital e trabalho assalariado* não existe de fato e, portanto, as categorias de trabalho *produtivo e improdutivo*, correspondentes ao ponto de vista capitalista, não são de modo algum aplicáveis. Mas, de acordo com o modo de produção dominante, as condições que ainda não foram realmente subsumidas por ele são idealmente subsumidas a ele. Por exemplo, o trabalhador *selfemploying* [autônomo] é seu próprio assalariado, seus próprios meios de produção o confrontam como capital na representação. Enquanto capitalista de si mesmo, ele se emprega como trabalhador assalariado. Tais anomalias oferecem então campo propício para as leviandades sobre o trabalho produtivo e improdutivo.

||483| *Em segundo lugar*: certo *trabalho improdutivo* pode estar ligado incidentalmente ao processo de produção e até mesmo o seu *preço* pode ser incluído no *preço da mercadoria*, ou seja, o dinheiro investido pode fazer *parte do capital antecipado* e seu trabalho, portanto, aparece como trabalho que não se relaciona com a *renda*, mas é trocado diretamente por *capital*.

Tomemos imediatamente o último caso, os *impostos*, o preço dos serviços governamentais etc. Mas isso é um dos *faux frais de production* [falsos custos de produção] e é uma forma *casual* para o processo de produção capitalista e não é de modo algum *condicionada* por ele, nem necessária e imanente a ele. Se, por exemplo, todos os impostos *indiretos* forem convertidos em impostos *diretos*, os impostos serão pagos como antes,

Resultado do processo de produção imediato

mas não mais formam adiantamentos de capital, e sim *despesas de renda*. A possibilidade dessa transformação da forma mostra sua exterioridade, indiferença e contingência para o processo de produção capitalista. Pelo contrário, com uma mudança na forma do trabalho produtivo, a renda do capital e o próprio capital cessariam de existir.

Além do mais, por exemplo, ações judiciais, documentos materiais etc., tudo isso se refere apenas a estipulações entre os possuidores de mercadorias como compradores e vendedores de mercadorias, e nada tem a ver com a relação entre capital e trabalho. Os funcionários podem assim tornar-se trabalhadores assalariados do capital; mas nem por isso se tornam trabalhadores produtivos.

O *trabalho produtivo* é apenas uma expressão abreviada de toda a relação, tipo e maneira pela qual a capacidade de trabalho e o trabalho figuram no processo de produção capitalista. Assim, quando falamos de *trabalho produtivo*, falamos de trabalho *socialmente determinado*, trabalho que envolve uma relação bem determinada entre o comprador e o vendedor de trabalho. O trabalho produtivo é trocado diretamente pelo *dinheiro como capital*, isto é, pelo dinheiro que é capital em si mesmo, que está destinado a funcionar como capital e que se opõe à capacidade de trabalho como capital. O trabalho produtivo é, portanto, aquele que apenas reproduz para o trabalhador o valor predeterminado de sua capacidade de trabalho, ao passo que, enquanto atividade criadora de valor, valoriza o capital e *contrapõe* os valores por ele criados ao próprio trabalhador como *capital*. A relação específica entre *trabalho objetivado* e *trabalho vivo*, que faz do primeiro capital, faz do segundo *trabalho produtivo*.

O produto específico do processo de produção capitalista, o mais-valor, é criado apenas por meio da troca com o *trabalho produtivo*. O que constitui seu *valor de uso específico* para o capital não é seu caráter útil e determinado nem as propriedades úteis particulares do produto em que se objetiva, mas seu caráter de elemento criador de valor de troca. (Mais-valor.)

O processo de produção capitalista não é apenas a produção de mercadorias. É um processo que absorve trabalho não pago, que transforma os meios de produção em meios de absorção de trabalho não pago.

Do que foi dito até aqui é evidente que ser *trabalho produtivo* é uma função do trabalho que em si e por si não tem absolutamente nada a ver com o *conteúdo determinado* do trabalho, sua utilidade particular ou o valor de uso peculiar em que ele se manifesta.

Karl Marx – Capítulo VI (inédito)

||484| O trabalho de *mesmo conteúdo* pode, portanto, ser produtivo e improdutivo.

Por exemplo, Milton, *who did the* Paradise Lost [que escreveu o *Paraíso perdido*], era um trabalhador improdutivo. O escritor, pelo contrário, que fornece mão de obra fabril para seu livreiro, é um trabalhador produtivo. Milton produziu o *Paraíso perdido* como o bicho-da-seda produz a seda, como confirmação de *sua* natureza. Mais tarde, ele vendeu o produto por 5£ e nessa medida tornou-se um comerciante de mercadorias. Mas o proletário literário de Leipzig que, sob o comando de seu livreiro, por exemplo, produz compêndios de economia política é, grosso modo, um trabalhador produtivo na medida em que sua produção está subsumida ao capital e só ocorre para sua valorização. Uma cantora que canta como um pássaro é um trabalhador improdutivo. Se ela vende seu canto por dinheiro, é uma trabalhadora assalariada ou comerciante de mercadorias. Mas a mesma cantora, contratada por um empresário que a deixa cantar para ganhar dinheiro, é uma trabalhadora produtiva, pois *produz* diretamente capital. Um mestre-escola que ensina os outros não é um trabalhador produtivo. Mas um mestre-escola que se engaja como trabalhador assalariado em um instituto com outros para utilizar o dinheiro do *Entrepreneurs* [empreendedor] da *knowledge mongering institution* [instituição de comercialização de conhecimento] por meio de seu trabalho é um trabalhador produtivo. Todavia, a maioria dessas obras, no que diz respeito à forma, dificilmente são subsumidas formalmente ao capital; pelo contrário, pertencem às formas de transição.

No conjunto, os trabalhos que são desfrutados apenas como serviços, não transformados em produtos que podem ser separados dos trabalhadores e, portanto, existir fora deles como mercadorias autônomas, mas que podem ser explorados diretamente de modo *capitalista*, são grandezas insignificantes em comparação com a massa da produção capitalista. Eles devem, portanto, ser desconsiderados e tratados apenas como trabalho assalariado, sob a categoria de trabalho assalariado que não é, ao mesmo tempo, trabalho produtivo.

O mesmo trabalho (por exemplo, *gardening, tailoring* [jardinagem, alfaiataria] etc.) pode ser feito pelo mesmo operário a serviço de um capitalista industrial ou de um consumidor direto etc. Em um, é *produtivo*, no outro *improdutivo*, porque em um caso produz capital, no outro não; porque em um caso seu trabalho constitui um fator do processo de autovalorização do capital, no outro não.

Resultado do processo de produção imediato

Grande parte do produto anual, que é consumido como renda e não volta mais à produção como meio de produção, é composto dos produtos (valor de uso) mais nefastos, que satisfazem os mais miseráveis e fatais *fancies* [caprichos], desejos etc. Esse conteúdo é completamente indiferente para a determinação do trabalho produtivo (ainda que, naturalmente, se uma parte desproporcional fosse reproduzida dessa maneira em vez de ser retransformada em meios de produção e meios de subsistência, que entram de novo na reprodução seja de mercadorias, seja da própria capacidade de trabalho – em suma, consumida produtivamente –, o desenvolvimento da riqueza certamente receberia um *check* [freio]). Esse gênero de trabalho produtivo produz valores de uso, objetiva-se em produtos que se destinam apenas ao consumo improdutivo, que em sua realidade, como artigos, não possuem nenhum *valor de uso* para o processo de reprodução (eles só podem obtê-lo pelo *metabolismo*, pela troca com valores de uso reprodutivos; mas isso é apenas um *displacement* [deslocamento]. *Somewhere* [em alguma parte] devem ser consumidos de maneira não reprodutiva. Outros artigos desse mesmo gênero que caiam no processo de consumo improdutivo poderiam também, se necessário, funcionar novamente como capital. Mais detalhes sobre o tema podem ser encontrados no capítulo III do livro II sobre o processo de reprodução. Precisamos apenas antecipar aqui esta observação: é impossível para a economia vulgar dizer uma palavra razoável sobre os limites da produção de luxo, do ponto de vista da própria produção capitalista. Mas a questão acaba sendo muito simples quando os fatores do processo de reprodução são devidamente analisados. Se o processo de reprodução é obstaculizado ou seu progresso – enquanto é determinado pelo progresso natural da população – é interrompido pelo uso desproporcional de tal *trabalho produtivo*, que é representado em artigos não produtivos, de modo que muito poucos meios de subsistência necessários ou muito poucos meios de produção etc. sejam reproduzidos, então o luxo é condenável do ponto de vista da produção capitalista. De resto, o luxo é uma necessidade absoluta de um modo de produção que produz riqueza para os não produtores, isto é, deve dar-lhe as formas necessárias para que possa ser apropriado pela riqueza que é meramente usufruída). Para o próprio trabalhador, esse trabalho produtivo é como qualquer outro, mero meio para a reprodução de seus meios de subsistência necessários; para o capitalista para quem a natureza do valor de uso e o caráter do trabalho

Karl Marx – Capítulo VI (inédito)

concreto empregado são em si e para si completamente indiferentes, é apenas um *moyen de battre monnaie, de produire la survalue* [meio de fazer dinheiro, de produzir mais-valor].

||485| A mania de determinar o trabalho *produtivo* e *improdutivo* pelo seu conteúdo *material* provém de três fontes:

1) A concepção fetichista, peculiar ao modo de produção capitalista e decorrente de sua essência, que considera as determinações formais *econômicas*, como o ser *mercadoria*, o ser *trabalho produtivo* etc., como propriedades inerentes em si e por si aos portadores materiais dessas determinações formais ou categorias.

2) Que, considerando o processo de trabalho como tal, só é *produtivo* o trabalho que resulta em *produto* (produto material, pois trata-se aqui apenas de riqueza material);

3) Que no próprio processo de reprodução *real* – considerados seus fatores [*Momente*] *reais* – há uma grande diferença, no que diz respeito à formação etc. de riqueza, entre o trabalho representado em artigos reprodutivos e outros representados em meros artigos de luxo.

(*Exemplo*: para mim não faz absolutamente nenhuma diferença se compro calças ou se compro tecidos e contrato um alfaiate e pago seu *serviço* (ou seja, seu trabalho de alfaiataria). Se as compro de um *merchant tailor* [alfaiate comercial], é porque são muito mais baratas. Em ambos os casos, transformo o dinheiro que gasto em um valor de uso, que devo dedicar ao meu consumo individual, para satisfazer minha necessidade individual, não em capital. O alfaiate diarista presta-me o mesmo *serviço* quer trabalhe para mim na alfaiataria, quer em minha casa. No entanto, o serviço que o mesmo alfaiate diarista, empregado de um *alfaiate comerciante*, presta a esse capitalista consiste no fato de ele trabalhar 12 horas e receber apenas 6 etc. O serviço que ele lhe presta consiste no fato de trabalhar 6 horas gratuitamente. Que isso assuma a forma de confecção de calças apenas *oculta* a transação real. Tão logo possa, o alfaiate comerciante procura transformar novamente a calça em dinheiro, isto é, em uma forma em que desapareceu completamente o caráter determinado da alfaiataria, e o serviço prestado se expressa no fato de que um táler se tornou dois.

O *serviço* é apenas uma expressão para o *valor de uso particular* do trabalho na medida em que não é útil como coisa, mas como atividade. *Do ut facias, facio ut facias, facio ut des, do ut des* [dou para que faças; faço para que faças; faço para que dês; dou para que dês] são aqui formas absolutamente

Resultado do processo de produção imediato

equivalentes da mesma relação, enquanto na produção capitalista o *do ut facias* [dou para que faças] expressa uma relação muito específica entre riqueza objetiva e trabalho vivo. Como a relação específica entre trabalho e capital não está contida nessa *compra de serviços*, ou está completamente extinta ou não existe, é claro que é a forma favorita de Say, Bastiat *et Consorts* [e consortes] de expressar a *relação entre capital e trabalho*.)

O trabalhador também compra *serviços* com seu dinheiro, que é um tipo de gasto, mas não uma maneira de converter dinheiro em capital.

Ninguém compra "prestação de serviços" médicos ou jurídicos como meio de transformar o dinheiro assim gasto em capital.

Grande parte dos *serviços* pertence aos custos de consumo de mercadorias como o da cozinheira etc.

A única diferença entre trabalho *produtivo* e *improdutivo* é se o trabalho é trocado por *dinheiro como dinheiro* ou por *dinheiro como capital*. Por exemplo, no caso do *selfemploying laborer* [trabalhador autônomo], *artisan* [artesão] etc. de quem compro a *mercadoria*, a categoria está fora de questão, porque não há troca direta entre dinheiro e trabalho de qualquer tipo, mas entre *dinheiro e mercadoria*.

||486| (No caso da produção não material, mesmo que se realize puramente para a troca e produza mercadorias, há duas possibilidades:

1) Resulta em mercadorias que existem separadamente do produtor, ou seja, que podem circular como mercadorias no intervalo entre produção e consumo, como livros, pinturas, todos os produtos artísticos diferentes da realização artística do artista executor. Aqui a produção capitalista é aplicável de forma muito limitada. Essas pessoas – caso não sejam *sculptors* [escultores] etc., que empregam trabalhadores etc. – geralmente trabalham (se não forem autônomos) para um capital comercial, por exemplo, para um livreiro; uma relação que é apenas uma forma de transição para o *modo de produção* apenas *formalmente capitalista*. O fato de que nessas formas transitórias a exploração do trabalho é maior não muda a questão;

2) O produto não é separável do ato de produzir. Aqui, também, o modo de produção capitalista ocorre apenas de forma limitada e, de acordo com a natureza da questão, só pode ocorrer em algumas esferas. (Preciso *do* médico, não de seu mensageiro.) Por exemplo, em instituições de ensino, os professores podem ser meros trabalhadores assalariados para o empresário da fábrica de aprendizado. Não se deve considerar o mesmo para toda a produção capitalista.)

Karl Marx – Capítulo VI (inédito)

"*Productive laborer*, o que *directly* aumenta *his master's wealth*." [Trabalhador produtivo é o que aumenta diretamente a *riqueza de seu mestre*.] (Malthus, *Principles of Political Economy*, 2. ed., Londres, 1836.)

A diferença entre trabalho *produtivo* e *improdutivo* é importante no que diz respeito à acumulação, pois somente a troca por trabalho produtivo é uma das condições para a reconversão do mais-valor em capital.

O capitalista, como representante do *capital* que entra no processo de valorização – *o capital produtivo* –, desempenha uma função *produtiva*, que consiste justamente em dirigir e explorar o trabalho produtivo. Ao contrário dos coconsumidores de *surplusvalue* [mais-valor], que não se encontram nessa relação imediata e ativa com sua produção, sua classe é a *classe produtiva par excellence* [por excelência][b]. (Como dirigente do processo de trabalho, o capitalista pode realizar *trabalho produtivo* no sentido de que seu trabalho está incluído no processo de trabalho global, que é incorporado no produto.) Até aqui só conhecemos o capital no interior do processo de produção imediato. Somente mais tarde se poderá desenvolver como se comportam as outras funções do capital – e os agentes que ele utiliza no interior dessas funções.

A determinação do *trabalho produtivo* (e, portanto, também do trabalho *improdutivo*, como seu oposto) baseia-se no fato de que a produção de capital é a produção de mais-valor e o trabalho por ele empregado é o trabalho que produz mais-valor.

||487| *Produto bruto e produto líquido.*

(Talvez seja melhor incluir no livro III, capítulo III.)

Como o objetivo da produção capitalista (e, portanto, do trabalho *produtivo*) não é a existência de produtores, mas a produção de mais-valor, todo trabalho necessário que não produz mais-trabalho é supérfluo e privado de valor para a produção capitalista. Isso vale para uma nação de capitalistas. Todo *produit brut* [produto bruto] que apenas reproduz o trabalhador, isto é, não produz nenhum *produit net* (produto líquido)

---

[b] Ver Ricardo. [Marx não cita literalmente, mas toma como exemplo uma nota de William Otter (editor da segunda edição dos *Principles* de Malthus) sobre a distinção entre trabalhadores produtivos e improdutivos: "O empregado de um comerciante aumenta a riqueza de seu mestre… O mesmo não se pode dizer de um funcionário do Estado" – N. T.]

Resultado do processo de produção imediato

(*Surplusproduce* [mais-produto]) é tão supérfluo quanto o próprio trabalhador. Ou então, os trabalhadores que eram necessários em certo estágio de desenvolvimento da produção para produzir o *produit net* (produto líquido) tornam-se supérfluos em um estágio mais avançado de produção, que não precisa mais deles. Ou apenas o número de pessoas lucrativas para o capital é necessário. Isso vale para uma nação de capitalistas. "O interesse real de uma nação não é o mesmo (que o de um capitalista privado, para quem, contanto que o lucro de seu capital de 20 mil 'em nenhum caso caia abaixo de 2 mil'); é indiferente se ele 'põe em movimento 100 ou mil pessoas', se sua *revenu net et réel* [renda líquida e real], suas *rents y profits* [rendas e lucros] são os mesmos, o que importa se uma nação é composta de 10 ou 12 milhões de indivíduos? ... Se 5 milhões de homens pudessem produzir alimentos e roupas para 10 milhões de pessoas, os alimentos e roupas desses 5 milhões seriam a *revenu net* [renda líquida]. O país teria algum benefício se, para produzir a mesma *revenue net* [renda líquida], precisasse de 7 milhões de homens, ou seja, se fossem necessários 7 milhões de empregados para produzir os alimentos e roupas de 12 milhões? A alimentação e vestuário de 5 milhões seria sempre a *revenue net* [receita líquida]*."

Nem mesmo a filantropia pode fazer objeção a essa tese de Ricardo. Porque é sempre melhor que de 10 milhões apenas 50% vegetem como simples máquinas de produção para 5 milhões do que de 12 milhões vegetem 7 milhões, ou 58⅓[%].

"*Of what use in a modern kingdom would be a whole province thus divided* (entre *selfsustaining little farmers* como nos *first times of ancient Rome*), *however well cultivated, except for the mere purpose of breeding men, which, singly taken, is a most useless purpose?*" [Qual seria a utilidade, em um reino moderno, de uma província inteira assim dividida (*entre* pequenos agricultores autossustentáveis *como nos* primeiros tempos da Roma antiga), por mais bem cultivada que fosse, exceto para o mero propósito de procriar homens, o que, tomado isoladamente, é um propósito bastante inútil?] (Arthur Young, *Political Arithmetic etc.*, Londres, 1774, p. 47)

Que a finalidade da produção capitalista seja a *net produce* [produção líquida], na verdade apenas na forma de *surplusproduce* [mais-produto],

---

*   David Ricardo, *On the Principles of Political Economy and Taxation*, 3. ed., Londres, 1821, p. 416-7. (N. T.)

Karl Marx – Capítulo VI (inédito)

na qual o *surplusvalue* [mais-valor] é representado, significa que a produção capitalista é *essentiellement* [essencialmente] a *produção de mais-valor*.

Isso é contrário, por exemplo, à visão antiga, correspondente aos modos de produção anteriores, segundo a qual os magistrados da cidade etc. proibiam por exemplo as invenções, para não colocar os trabalhadores em risco de ficar sem pão, uma vez que o trabalhador como tal era considerado um fim em si mesmo e sua ocupação era como um privilégio, em cuja preservação toda a velha ordem estava interessada. Contrapõe-se à visão impregnada de nacionalismo do sistema protecionista (em contraste com o *freetrade* [livre-comércio]) segundo a qual as indústrias etc. como fontes de existência de uma grande massa de homens devem ser protegidas nacionalmente contra a concorrência externa etc. Contrapõe-se, também, à visão de Adam Smith, para quem, por exemplo, o investimento de capitais na agricultura seria "mais produtivo" porque o mesmo capital emprega maior quantidade de braços. Para o modo de produção capitalista desenvolvido, todas essas são visões antiquadas, erradas e falsas. Um grande produto bruto (no que diz respeito à parte variável do capital) em *proporção* a um pequeno produto líquido é = à baixa produtividade do trabalho e, portanto, do capital.

||488| No entanto, todos os tipos de ideias confusas são tradicionalmente associadas a essa diferença entre produtos bruto e líquido. Isso decorre em parte dos *fisiocratas* (ver Livro IV), em parte de Smith, que ainda aqui e ali confunde a produção capitalista com a produção para os produtores imediatos.

Se um capitalista singular envia dinheiro para o exterior, onde recebe 10% de juros, enquanto em casa poderia empregar uma massa de *surpluspeople* [população excedente], ele merece do ponto de vista capitalista uma coroa cívica, pois esse cidadão virtuoso executa a lei que distribui o capital no mercado mundial, bem como no interior dos muros de uma sociedade, de acordo com a taxa de lucro que as esferas de produção particulares proporcionam e, assim, equilibra-as e distribui proporcionalmente a produção. (Não importa se o dinheiro é dado ao imperador da Rússia para as guerras contra a Turquia etc.) O capitalista singular apenas segue a lei imanente e, portanto, a moral do capital *to produce as much surplusvalue* [para produzir o máximo de mais-valor possível]. No entanto, isso não tem nada a ver com a consideração do processo de produção imediato.

Resultado do processo de produção imediato

Além disso, muitas vezes se contrasta a *produção capitalista* com a *produção não capitalista*, por exemplo, a *agriculture for subsistance* [agricultura de subsistência], na qual se empregam as mãos, a agricultura *for trade* [comercial], que abastece o *mercado* com um produto muito maior e permite, portanto, aos que antes se ocupavam da agricultura extrair um produto líquido na manufatura. Mas esse contraste não é uma determinação *interna* própria ao modo de produção capitalista.

Vimos que, em suma, a lei da produção capitalista é aumentar o capital constante ante o capital variável e o mais-valor, o *net produce* [produto líquido]; em segundo lugar, é aumentar o *net produce* [produto líquido] em relação à parte do produto que substitui o capital variável, ou seja, o salário. Essas duas coisas se confundem. Se o produto total é chamado de produto bruto, então na produção capitalista ele aumenta em relação ao produto líquido; se a parte do produto que pode ser decomposta em salários + produto líquido é chamada de produto bruto, então o produto líquido aumenta em relação ao produto bruto. Somente na agricultura (pela transformação da lavoura em pastagem etc.) o produto líquido costuma crescer a expensas do bruto (da massa total de produtos) em consequência de certas determinações peculiares da renda, que não cabe analisar aqui.

Caso contrário, a teoria do *produto líquido* como fim último e supremo da produção é apenas a expressão brutal, mas correta, do fato de que a *valorização do capital* e, portanto, a *creation* [criação] de mais-valor, sem nenhuma consideração pelo trabalhador, é a alma que move a produção capitalista.

[Apresenta-se] como ideal máximo – correspondente ao crescimento relativo do *produit net* [produto líquido] – da produção capitalista a maior redução possível dos que vivem do salário e o maior aumento possível dos que vivem do *produit net* [produto líquido].

||489| *Mistificação do capital etc.*

Uma vez que o trabalho vivo – no interior do processo de produção – já está incorporado ao capital, todas as *forças produtivas sociais do trabalho* se apresentam como *forças produtivas*, como propriedades inerentes ao capital, assim como no dinheiro o caráter geral do trabalho, na medida em que cria valor, aparece como uma propriedade de uma coisa. Tanto mais que neste caso:

Karl Marx – Capítulo VI (inédito)

1) O trabalho como *exteriorização da capacidade de trabalho*, como esforço, pertence ao *trabalhador singular* (é aquilo com que ele *realiter* [realmente] paga ao capitalista o que ele lhe dá), embora seja objetivado no produto como pertencente ao capitalista; mas, *ao contrário*, a *combination* [combinação] *social* em que as capacidades de trabalho singulares funcionam apenas como órgãos particulares das capacidades de trabalho totais que constituem o conjunto do ateliê, não pertence a estas, mas antes se lhes contrapõe como um *arrangement* [ordenamento] *capitalista, é imposta* a elas;

2) Essas *forças produtivas sociais* do trabalho ou *forças produtivas do trabalho social* se desenvolvem historicamente apenas com o modo de produção especificamente capitalista, ou seja, aparecem como algo imanente à relação do capital e inseparável dele;

3) As *condições objetivas de trabalho*, com o desenvolvimento do modo de produção capitalista, assumem uma figura modificada, pela dimensão em que e pela economia com a qual são aplicadas (independentemente da forma da maquinaria etc.). Tornam-se mais desenvolvidas como meios de produção concentrados, que representam a riqueza *social*, e sobretudo, para concluir, um maior desenvolvimento no volume e no efeito das *condições de produção* do trabalho *socialmente* combinado. Além da combinação do próprio trabalho, esse *caráter social das condições de trabalho* – que inclui, entre outras coisas, sua forma como maquinaria e capital fixo em cada uma de suas formas – aparece como algo inteiramente autônomo, existindo independentemente do trabalhador, como um *modo de existência de capital* e, portanto, organizado pelos capitalistas de maneira independente dos trabalhadores. Assim como o *caráter social* de seu próprio trabalho, o *caráter social* que as condições de produção adquirem como condições *coletivas* de produção do trabalho combinado aparece ainda mais como *capitalista*, que pertence a essas condições de produção como tais, independentemente dos trabalhadores.

Ad 3) queremos observar o seguinte aqui, que antecipa, em parte, desenvolvimentos posteriores:

(O *lucro* como distinto do mais-valor – pode aumentar pelo uso econômico das condições *coletivas* de trabalho, seja, por exemplo, porque se economiza nos edifícios, no aquecimento, na iluminação etc., seja porque o valor do *prime motor* [força motriz] não aumenta na mesma proporção que sua potência, seja pela economia no preço de matérias-primas, pelo reaproveitamento de resíduos, pela redução de custos administrativos,

Resultado do processo de produção imediato

pelos grandes depósitos com produção em massa etc.; todas essas reduções *relativas* no custo do capital constante, enquanto seu valor aumenta em termos absolutos, baseiam-se no fato de que esses meios de produção, meios de trabalho e material de trabalho são empregados *coletivamente*, e esse uso *coletivo* tem como pressuposto absoluto a colaboração *coletiva* dos trabalhadores conglomerados, e é, portanto, apenas uma expressão *objetiva* do *caráter social do trabalho* e da força produtiva *social* resultante, assim como a figura particular dessas condições – por exemplo, enquanto maquinaria – na maioria das vezes não é aplicável senão para trabalho combinado. Mas elas aparecem para o trabalhador, que age em seu âmbito, como condições *dadas* e *independentes* dele, como a *figura do capital*. Por isso, por exemplo, sua economia (e o consequente aumento do lucro e barateamento das mercadorias) aparece como algo bem diferente do *mais-trabalho* do trabalhador, como *ato* e *organização* diretos do *capitalista*, que aqui age em geral como personificação do caráter *social* do trabalho, do *ateliê* em sua totalidade como tal. A *ciência*, como produto intelectual geral do desenvolvimento social, aparece também aqui diretamente incorporada ao capital (sua aplicação como ciência, separada do conhecimento e da habilidade do trabalhador singular no processo de produção material), e o desenvolvimento geral da sociedade – sendo desfrutada pelo capital em oposição ao trabalho e agindo como força produtiva do capital em contraposição ao trabalho – aparece como *desenvolvimento do capital*, tanto mais que, para a grande maioria, esse desenvolvimento ocorre em paralelo com o *esvaziamento da capacidade de trabalho*.)

||490| O próprio capitalista só detém poder como personificação do capital (e é por isso que ele constantemente figura na contabilidade italiana como uma figura dupla, por exemplo, como *debtor* [devedor] de seu próprio capital).

A *produtividade* do capital, considerando-se a subsunção *formal*, consiste inicialmente apenas na *coerção ao mais-trabalho*; uma coerção que o modo de produção capitalista compartilha com os modos de produção anteriores, mas que exerce de uma forma mais favorável à produção.

Mesmo considerando a relação puramente *formal* – a forma *geral* de produção capitalista, que compartilha seu modo menos desenvolvido com seu modo mais desenvolvido –, os *meios de produção*, as *condições materiais de trabalho*, não aparecem subsumidos ao trabalhador, mas este como subsumido a esses meios. O capital *employs labor* [emprega trabalho].

Karl Marx – Capítulo VI (inédito)

Mesmo essa relação em sua simplicidade é a personificação das coisas e a coisificação das pessoas.

Contudo, a relação torna-se mais complicada e aparentemente mais misteriosa, pois, com o desenvolvimento do modo de produção especificamente capitalista, não apenas essas coisas – esses produtos do trabalho, tanto como valores de uso quanto como valores de troca – alçam-se diante do trabalhador e passam a confrontá-lo como *"capital"*, mas a forma social do trabalho se apresenta como *formas de desenvolvimento do capital* e, portanto, as forças produtivas do trabalho social assim desenvolvidas se apresentam como *forças produtivas do capital*. Na condição de forças sociais e diante do trabalho, estão *"capitalizadas"*. De fato, há uma unidade *coletiva* na cooperação, a combinação na divisão do trabalho, a aplicação das forças naturais e da ciência, os produtos do trabalho como *maquinaria* – tudo isso, sob o aspecto material, se contrapõe de modo autônomo ao trabalhador singular como *estranho, coisal, preexistente,* existindo sem e muitas vezes contra sua participação, como puras formas de existência dos *meios de trabalho* independentes dele e que o *dominam*; e, enquanto constituídos por sua própria combinação, se opõem a ele como a inteligência e a vontade do ateliê geral consagrada no capitalista e seus *understrappers* (representantes) – como *funções* do capital que vivem no capitalista. As formas sociais de seu próprio trabalho – subjetivo-objetivo –, ou a forma de seu próprio trabalho social, são relações formadas de modo totalmente independente dos trabalhadores singulares; os trabalhadores, subsumidos ao capital, são elementos dessas formações sociais, mas essas formações sociais não lhes pertencem. Elas, portanto, os confrontam como *figuras* do próprio capital, como combinações pertencentes ao capital, surgidas dele e incorporadas a ele, em contraste com sua capacidade de trabalho isolada. E isso assume uma forma tanto mais real quanto mais, por um lado, sua própria capacidade de trabalho é modificada por essas formas – de tal modo que, em sua autonomia, ou seja, *fora* desse contexto capitalista, torna-se impotente, sua capacidade de produção é anulada –; e quanto mais, por outro lado, as condições de trabalho, com o desenvolvimento da maquinaria, dominam o trabalho do ponto de vista tecnológico e, ao mesmo tempo, o substituem, o suprimem, tornando-o supérfluo em suas formas autônomas. Nesse processo, em que as características *sociais* de seu trabalho os confrontam, por assim dizer, de forma *capitalizada* – na maquinaria, por exemplo, os produtos visíveis do trabalho aparecem

Resultado do processo de produção imediato

como dominadores do trabalho –, o mesmo ocorre naturalmente com as forças da natureza e da ciência – produto do desenvolvimento histórico geral em sua quintessência abstrata – que os confrontam como *potências* do capital. Eles estão, de fato, separados da habilidade e do conhecimento do trabalhador singular – e, embora considerados em sua origem, são o produto do trabalho – onde quer que entrem no processo de trabalho, aparecem como *incorporados* ao capital. O capitalista que usa uma máquina não precisa entendê-la (ver Ure)*. Mas, na *máquina*, a ciência realizada aparece como *capital* diante dos trabalhadores. E, de fato, todas essas aplicações da ciência, das forças naturais e dos produtos do trabalho em grande massa, baseados no *trabalho social*, aparecem apenas como *meio de exploração* do trabalho, como meio de apropriação do mais-trabalho e, portanto, como *forças* pertencentes ao capital em confronto com o trabalho. O capital, é claro, emprega todos esses meios apenas para explorar o trabalho, mas, para explorá-lo, deve aplicá-los à produção. E assim o desenvolvimento das forças produtivas *sociais* do trabalho e as condições desses desenvolvimentos, ante as quais o trabalhador singular se comporta passivamente, e as quais agem em oposição a ele, aparecem como um *ato do capital*.

O próprio capital é duplo, pois é composto de mercadorias.

Valor de troca (dinheiro), mas *valor que se valoriza*, valor que assim cria valor, que *cresce* como *valor*, que recebe um incremento, pois é valor. Isso se reduz à troca de dado *quantum* de trabalho objetivado por um *quantum* maior de trabalho vivo.

Valor de uso, e aqui ele [o capital] aparece de acordo com suas relações determinadas no processo de trabalho. Mas é precisamente aqui que o capital não permanece sendo apenas material de trabalho, meios de trabalho a quem o trabalho pertence, a quem o *trabalho* foi incorporado, mas juntamente com o trabalho também são incorporados suas *combinações sociais* e o desenvolvimento dos meios de trabalho correspondentes a essas combinações sociais. A produção capitalista desenvolve, pela primeira vez, as condições do processo de trabalho em grande escala – separa-as do trabalhador singular autônomo –, tanto suas condições objetivas quanto

---

* Ver Andrew Ure, *The Philosophy of Manufactures*, Londres, 1835, p. 42-4. Sobre a passagem de Ure em relação à "ignorância" dos fabricantes ingleses, ver também Karl Marx, *Zur Kritik der politischen Ökonomie (Manuskript 1861-1863)*, MEGA[2], v. II/3.6 (Berlim, Dietz Verlag, 1982), p. 2.036 e Idem, *O capital*, Livro I, cit., p. 460, nota 108. (N. T.)

Karl Marx – Capítulo VI (inédito)

subjetivas, mas as desenvolve como poderes que dominam o *trabalhador singular* e lhe são *estranhos*.

Assim, o capital torna-se um ser muito misterioso.

| |491| As condições de trabalho se elevam como *potências sociais* em relação ao trabalhador e dessa forma são *capitalizadas*.

O capital é, portanto, *produtivo*:

1) Como *coerção ao mais-trabalho*. O trabalho é *produtivo* justamente como executor desse mais-trabalho, devido à diferença entre o valor da capacidade de trabalho e sua valorização.

2) Como *personificação e representante*, figura coisificada das "forças produtivas sociais do trabalho" ou das forças produtivas do trabalho social. Como a lei da produção capitalista – a criação de mais-valor etc. – compele a isso foi explicado anteriormente. Aparece como uma coerção que os capitalistas impõem uns aos outros e aos trabalhadores – portanto, de fato, como uma lei do capital contra ambos. A força social natural do trabalho não se desenvolve no *processo de valorização* como tal; mas no *processo de trabalho real*. Apresenta-se, portanto, como propriedades inerentes ao capital como coisa, como seu valor de uso. O trabalho produtivo – como produtor de valor – sempre se opõe ao capital como trabalho dos trabalhadores *isolados*, quaisquer que sejam as combinações sociais em que esses trabalhadores possam entrar no processo de produção. Enquanto o capital representa assim a força produtiva social do trabalho em relação aos trabalhadores, o trabalho produtivo em relação ao capital representa sempre apenas o trabalho dos trabalhadores *isolados*.

No processo de *acumulação*, vimos como o momento pelo qual o trabalho já passado na forma de forças produtivas e condições de produção aumenta a reprodução, em termos de valor de uso e valor de troca – tanto a massa de valor *conservada* por certo *quantum* de trabalho vivo quanto a nova *massa de valores de uso* que ele produz–, aparece como *força imanente ao capital*, porque o *trabalho objetivado* sempre funciona capitalizado em relação ao trabalhador.

"*Le capital c'est la puissance démocratique, philanthropique et égalitaire par excellence.*" [O capital é a potência democrática, filantrópica e igualitária por excelência] (Frédéric Bastiat, *Gratuité du Crédit* etc., Paris, 1850, p. 29)

"*Stock cultivates land; stock employs labor.*" [O capital cultiva a terra; o capital emprega o trabalho] (Adam Smith, 1. c. b. V, cap. II (ed., *Buchanan*, v. III, 1814, p. 309).

Resultado do processo de produção imediato

"*Capital is ... collective force.*" [O capital é... força coletiva.] (John Wade, *History of the Middle and Working Classes etc.*, 3. ed., Londres, 1835, p. 162) "Capital é apenas outro *Name* para *Civilisation.*" [*Capital é apenas outro nome para* civilização] (1.c.)

"*La classe des capitalistes, considérée en bloc, se trouve dans une position normale, en ce que son bien-être suit la marche du progrès social.*" [A classe capitalista, considerada como um todo, encontra-se em uma posição normal, na medida em que seu bem-estar segue a marcha do progresso social] (Antoine Cherbuliez, *Riche et Pauvre*, [s. d.], p. 75) "*Le capitaliste est l'homme social par excellence, il représente la civilisation.*" [O capitalista é o homem social por excelência, ele representa a civilização] (Ibidem, l.c., p. 76.)

Superficial: "Productive Power of Capital [A força produtiva do capital] nada mais é do que a quantidade de força produtiva real que o capitalista pode comandar por meio de seu capital." (J. St. Mill, *Essays on Some Unsettled Questions of Political Economy*, Londres, 1844, p. 91)

"*The accumulation of* capital, *or the* means of employing labour ... *must in all cases depend on the* productive powers of labour." [A acumulação de *capital*, ou *os meios de empregar trabalho...* deve em todos os casos depender das *forças produtivas do trabalho.*] (David Ricardo, *Principles of Political Economy, and Taxation*, 3 ed., 1821, p. 92) Um *commentator* [comentador] de Ric[ardo] observa sobre isso: "*If* the productive powers *of* labour mean the smallness of that aliquot part *of* any produce that goes to those whose manual labour produced it, *the sentence is nearly identical.*" [Se *as forças produtivas* do *trabalho significam a pequenez daquela parte alíquota* de *qualquer produto que vai para aqueles cujo trabalho manual o produziu*, a sentença é quase idêntica] (*Observations on Certain Verbal Disputes in Political Economy*, Londres, 1821, p. 71)

A constante transposição do trabalho para o capital é bem expressa nas seguintes frases ingênuas de *Destutt de Tracy*:

"*Ceux qui vivent de profits – (les capitalistes industrieux) alimentent tous les autres, et seuls augmentent la fortune publique et créent tous nos moyens de jouissance. Cela doit être*, puisque le travail est la source de toute richesse, *et puisque eux seuls donnent une* direction *utile au travail actuel, en faisant un usage utile du travail accumulé.*" [Aqueles que vivem dos lucros – (os capitalistas industriais) alimentam todos os outros e sozinhos aumentam a fortuna pública e criam todos os nossos meios de desfrute. Isso deve ser assim, *visto que o trabalho é a fonte de toda riqueza*, e visto que somente

127

Karl Marx – Capítulo VI (inédito)

eles dão *direção* útil ao trabalho presente, fazendo uso útil do trabalho acumulado] (Destutt de Tracy, l.c., [*Eléments d'idéologie*, Paris, 182] p. 242). Porque o trabalho é a fonte de toda a riqueza, o capital é o multiplicador de toda a riqueza. *"Nos facultés sont notre seule richesse originaire, notre travail produit tous les autres, et tout travail bien dirigé est productif"*. [Nossas faculdades são nossa única riqueza original, nosso trabalho produz todas as outras, e todo trabalho bem dirigido é produtivo.] (Ibidem, l.c., p. 243). Nossas capacidades são a única riqueza originária. Portanto, a capacidade de trabalhar não é riqueza. O trabalho produz todas as outras riquezas, isto é, produz riqueza para todos os outros, exceto para si, e não é ele próprio riqueza, mas apenas seu produto. Todo trabalho bem dirigido é produtivo; ou seja, todo trabalho produtivo, todo trabalho que traz lucro ao capitalista, é bem dirigido.

A transposição das forças produtivas sociais do trabalho em proprieda-des materiais [*dingliche*] do capital está tão bem estabelecida na imaginação que as vantagens da maquinaria, a aplicação da ciência, a invenção etc. são representadas nesta forma *estranhada* [*entfremdeten*], como a forma *necessária*, e, portanto, tudo isso se apresenta como *propriedades do capital*. O que serve de base aqui é 1) a forma como a questão se apresenta a partir da produção capitalista, ou seja, também na consciência dos envolvidos nesse modo de produção; 2) o fato histórico de que esse desenvolvimento ocorre primeiro e em contraste com os modos de produção anteriores no modo de produção *capitalista*, de que o caráter *oposto* desse desenvolvi-mento *parece*, portanto, *imanente* a ele.

|492| ad 3) O produto da produção capitalista
não é apenas *mais-valor*, é *capital*.

O capital, como vimos, é D-M-D', valor que *valoriza a si mesmo*, valor que gera valor.

Em primeiro lugar, o dinheiro antecipado ou soma de valor, mesmo depois de sua transformação em fatores do processo de trabalho – em meios de produção, capital *constante* – e em *capacidade de trabalho*, na qual o capital variável foi convertido, é *em si* apenas δυνάμει [em potência] capital e o é *apenas* antes de sua transformação em fatores do processo de produção *real*. Somente no interior desse, pela incorporação real do trabalho vivo nas formas de existência objetivas do capital, somente pela

Resultado do processo de produção imediato

absorção real do trabalho adicional, não apenas *esse trabalho* se transforma em capital, mas a soma de valor antecipada se transforma de capital possível, de capital segundo sua determinação, em capital ativo e real. O que aconteceu durante todo o processo? O trabalhador vendeu a disposição de sua capacidade de trabalho pelos meios de subsistência necessários por um dado valor determinado pelo valor de sua capacidade de trabalho. Então, no que se refere a ele, qual é o resultado? *Simplement* e *purement* [pura e simplesmente] a reprodução de sua capacidade de trabalho. Então o que ele deu? A atividade de preservação de valor, criação de valor e aumento de seu trabalho. Assim, prescindindo do desgaste de sua força de trabalho, ele sai do processo tal como entrou, como mera força de trabalho subjetiva que deve passar pelo mesmo processo novamente para se conservar.

O capital, pelo contrário, não sai do processo como entrou. Apenas nesse processo se transforma em capital real, em valor que valoriza a si mesmo. O produto total é agora a forma em que existe como capital realizado e, enquanto tal, como propriedade do capitalista, como força independente criada pelo próprio trabalho, novamente se contrapõe a este. O processo de produção era, portanto, não apenas seu processo de reprodução, mas seu processo de produção como capital. Anteriormente, as condições de produção se opunham ao trabalhador como capital, quando ele as *encontrava autonomizadas* diante de si. Agora é o produto de seu próprio trabalho que ele encontra diante de si como condições de produção transformadas em capital. O que era um pressuposto é agora o resultado do processo de produção.

O fato de o processo de produção criar *capital* é, pois, apenas outra expressão para o fato de ter criado *mais-valor*.

Mas a questão não para por aqui. O *mais-valor* é reconvertido em capital adicional e se mostra como a formação de novo capital ou de aumento de capital. Assim, o *capital* criou *capital*, não apenas se realizou como capital. O próprio *processo de acumulação* é um fator imanente ao processo de produção capitalista. Inclui a nova *criação de trabalhadores assalariados*, meio para a realização e aumento do capital existente, seja porque subsume parte da população não ocupada anteriormente pela produção capitalista, como mulheres e crianças, seja porque submete a massa de trabalhadores aumentada pelo crescimento natural da população. Um exame mais atento revela que o capital *regula* essa própria

Karl Marx – Capítulo VI (inédito)

produção de força de trabalho, a produção das massas de pessoas a serem exploradas, de acordo com suas necessidades de exploração. O capital, portanto, não só produz capital, mas também uma massa crescente de trabalhadores, a única matéria pela qual ele pode funcionar como capital adicional. O trabalho, portanto, não apenas produz, em oposição a si mesmo, as condições de trabalho em escala cada vez maior como *capital*, mas o capital produz os *trabalhadores assalariados produtivos* que lhes são necessários. O trabalho produz suas condições de produção enquanto *capital*, e o capital produz o trabalho enquanto meio de sua realização como capital, enquanto trabalho assalariado. A produção capitalista não é apenas a reprodução da relação, é sua reprodução em escala cada vez maior, e, na mesma medida em que a força produtiva social do trabalho se desenvolve com o modo de produção capitalista e na mesma medida em que aumenta a riqueza que se ergue diante do trabalho como *riqueza que o domina*, como *capital*, o mundo da riqueza se expande como um mundo estranho a ele e que o domina, e na mesma proporção se desenvolvem, por oposição, sua pobreza, sua indigência e sua dependência subjetiva. Seu *esvaziamento* e essa *abundância* se correspondem, dão o mesmo passo. Ao mesmo tempo, aumenta a massa desses meios vivos de produção do capital, o *proletariado* trabalhador.

||493| O *crescimento do capital* e o *aumento do proletariado* aparecem, portanto, como *produtos* relacionados, embora polarizados, do mesmo processo.

A relação não é apenas reproduzida, não é apenas produzida em escala cada vez maior, não apenas cria mais trabalhadores e se apodera continuamente de ramos de produção que antes não lhe eram submetidos, mas, como foi demonstrado na descrição do processo especificamente capitalista do modo de produção, se reproduz em circunstâncias cada vez mais favoráveis para uma das partes, os capitalistas, e cada vez menos favoráveis para a outra parte, os trabalhadores assalariados.

Levando-se em consideração a continuidade do processo de produção, o salário é apenas aquela *parte* do produto constantemente produzida pelo trabalhador, que se converte em meio de subsistência para ele e, portanto, em meio de conservação e aumento de sua capacidade de trabalho, da qual o capital tem necessidade para sua autovalorização, para seu processo de vida. Essa conservação e esse aumento da capacidade de trabalho, como resultado do processo, aparecem apenas como reprodução e ampliação

Resultado do processo de produção imediato

das condições de reprodução e condições de acumulação pertencentes ao capital. (Ver Yankee)

Com isso, desaparece a *aparência* que a relação apresentava na superfície, segundo a qual *possuidores de mercadorias*, com direitos iguais, se defrontam na circulação, no mercado de mercadorias, que, como todos os outros *possuidores de mercadorias*, apenas se diferenciam entre si pelo conteúdo material de suas mercadorias, pelo valor de uso particular das mercadorias que vendem entre si. Ou essa forma *originária* da relação permanece apenas como *aparência* da relação *capitalista* na qual ela se baseia.

Existem dois fatores a serem distinguidos aqui, por meio dos quais a *reprodução da própria relação* em escala cada vez maior como *resultado do processo de produção capitalista* difere da primeira forma, em que, por um lado, aparece *historicamente* e, por outro lado, aparece constantemente na superfície da sociedade capitalista desenvolvida.

1) Em *primeiro* lugar, em relação ao *processo introdutivo* que ocorre no interior da circulação, de *compra e venda de capacidade de trabalho*.

O processo de produção capitalista não é apenas a *transformação* em *capital* do valor ou das mercadorias, que o capitalista, em parte, traz para o mercado e, em parte, retém no interior do processo de trabalho; mas esses produtos *transformados* em capital não são *seus* produtos, são, pelo contrário, do trabalhador. O capitalista constantemente lhe vende uma parte de seu produto — meios de subsistência necessários — em troca de seu trabalho, para conservar e aumentar a capacidade de trabalho do próprio *comprador*, e lhe empresta constantemente outra parte de seu produto, as condições objetivas de trabalho, como meios para a autovalorização do capital, como *capital*. Enquanto o trabalhador reproduz seus produtos como *capital*, o capitalista reproduz o trabalhador como *trabalhador assalariado* e, portanto, como vendedor de seu trabalho. A relação de meros vendedores de mercadorias inclui a troca de *seu* próprio *trabalho* incorporado em vários valores de uso. A compra e venda de capacidade de trabalho como *resultado* constante do processo de produção capitalista implica que o trabalhador deve constantemente *comprar de volta* uma parte de seu próprio produto em troca de seu trabalho vivo. Com isso, *desfaz-se a aparência* da mera relação entre possuidores de mercadorias. Essa constante compra e venda de capacidade de trabalho e o constante confronto das mercadorias produzidas pelo próprio trabalhador como *comprador* de sua capacidade de trabalho e como capital constante apare-

Karl Marx – Capítulo VI (inédito)

cem apenas como uma *forma mediadora* de seu assujeitamento ao capital, o trabalho vivo como mero meio de conservação e aumento do trabalho *objetivado* que se tornou autonomizado diante dele. Essa perpetuação da relação entre o capital como comprador e o trabalhador como vendedor de trabalho é uma *forma* de mediação imanente a esse modo de produção; mas é uma forma que difere apenas formalmente de outras formas mais diretas de submissão do trabalho e da *propriedade* sobre ele por parte dos possuidores das condições de produção. Como mera *relação monetária*, *oculta* a transação real e a dependência perpétua, que se renova constantemente por meio dessa mediação de *compra* e *venda*. Não apenas as condições desse *comércio* são constantemente reproduzidas; mas o que um compra e o que o outro deve vender é o resultado | |494| do processo. A constante renovação dessa relação de *compra e venda* não faz senão mediar a permanência da relação específica de dependência e lhe dá a *aparência* enganosa de uma transação, um contrato entre *possuidores de mercadorias* que têm direitos iguais e se contrapõem de maneira igualmente livre. Essa relação *introdutiva* aparece agora como um elemento imanente do domínio do trabalho objetivado sobre o trabalho vivo produzido na produção capitalista.

Portanto, erram em igual medida:

- aqueles que consideram o trabalho assalariado a venda do trabalho ao capital e, portanto, a forma do *salário* algo *externo* à produção capitalista; é uma *forma essencial* de mediação da relação de produção capitalista, sempre produzida de novo por essa própria relação;

- aqueles que encontram sua própria essência nessa relação superficial, nessa *formalidade essencial* ou aparência da relação do capital, e, portanto, pretendem caracterizar a relação subsumindo trabalhadores e capitalistas à relação geral de possuidores de mercadorias e, assim, fazem-lhe apologia, cancelando sua *differentia specifica* [diferença específica].

2) Em geral, para que a relação de capital ocorra, pressupõe-se um estágio histórico determinado e uma forma de produção social. No interior do modo de produção anterior devem ter-se desenvolvido meios de circulação e de produção, bem como necessidades, que impulsionaram as antigas relações de produção para sua transformação na relação capitalista. Entretanto, precisam apenas estar suficientemente desenvolvidos para que ocorra a subsunção formal do trabalho ao capital. Com base nessa relação modificada, no entanto, desenvolve-se um modo de produção

Resultado do processo de produção imediato

especificamente modificado que, por um lado, gera novas forças produtivas materiais e, por outro, se desenvolve com base nelas, e assim, de fato, cria para si mesmo novas condições reais. Logo, ocorre uma revolução econômica total que, por um lado, pela primeira vez, cria, completa e dá a forma adequada à dominação do capital sobre o trabalho e, por outro lado, gera nas forças produtivas do trabalho, nas condições de produção e nas relações de circulação por ela desenvolvidas em oposição ao trabalhador, as condições reais de um novo modo de produção, que abole a forma antagônica do modo de produção capitalista e, portanto, cria a base material de um processo de vida social com uma nova configuração e, com isso, uma nova formação social.

Essa é uma concepção essencialmente diferente daquela dos economistas burgueses, presos às próprias representações capitalistas, que veem como a produção se dá no interior da relação capitalista, mas não como essa própria relação é produzida e ao mesmo tempo produz nela as condições materiais de sua dissolução, com o que se suprime sua *justificativa histórica* enquanto *forma necessária* de desenvolvimento econômico, da produção de riqueza social.

No entanto, vimos não apenas como o capital produz mas como ele mesmo é produzido e emerge do processo de produção enquanto algo essencialmente diferente do modo como nele entrou. Por um lado, configura o modo de produção; por outro lado, essa figura modificada do modo de produção e esse estágio particular no desenvolvimento das forças produtivas materiais são a base e a condição – o pressuposto – de sua própria configuração.

||495| Resultado do processo de produção imediato.

Não apenas as condições objetivas do processo de produção aparecem como resultado; mas também seu caráter *especificamente social*; as relações sociais e, portanto, a posição social dos agentes de produção em relação uns aos outros – as próprias *relações de produção* são produzidas, são o resultado constantemente renovado do processo.

[Notas de rodapé separadas]

73) *Os mineiros.*

Como funciona essa dependência dos mineiros em relação aos exploradores pode ser visto a cada greve, no que concerne a suas habitações. Por exemplo, greve de novembro de 1863 em Durham. No clima mais severo, as pessoas eram expulsas com suas esposas e filhos, e os móveis etc. eram jogados na frente das portas. Então o principal era encontrar abrigo durante as noites frias. Uma grande parte dormia ao ar livre; outra parte invadiu suas moradias evacuadas e as ocupou durante a noite. No dia seguinte, os exploradores de minas mandaram pregar as portas e as janelas para privar aqueles que foram expulsos do luxo de dormir no chão nu dos chalés vazios na noite gelada. O povo então recorreu à construção de cabanas de madeira, cabanas de turfa, mas elas foram novamente derrubadas pelos proprietários dos campos. Inúmeras crianças morreram e pereceram durante essa campanha de trabalho contra o capital. (*Reynolds Newspaper*, 29 nov. 1863)

75) Ricardo na verdade consola os trabalhadores com o fato de que, como resultado do aumento da força produtiva do trabalho e do aumento do capital total em relação ao componente variável, a parte do mais-valor consumida como receita também cresce e, portanto, aumenta a *demand for menial servants!* [demanda por servos braçais!] (David Ricardo, *Principles*, [s. d.], p. 475)

76) "*Property ... is essential to preserve the common unskilled laborer from falling into the condition of a piece of machinery, bought at the* minimum *market price at which it can be produced, that is at which labourers can be got to exist and propagate their species, to which he is* invariably *reduced sooner or later, when the interests of capital and labor are quite distinct, and are left to adjust themselves under the sole Operation of the law of supply anddemand.*" [A propriedade é essencial para evitar que o trabalhador comum não qualificado caia na condição de uma peça de máquina, comprada ao preço *mínimo* de mercado pelo qual pode ser produzida, ou seja, pelo qual os trabalhadores podem existir e propagar sua espécie, ao qual ele é *invariavelmente* reduzido, mais cedo ou mais tarde, quando os interesses do capital e do trabalho são bastante distintos, e são deixados para se ajustarem unicamente sob operação da lei da oferta e da demanda.] (Samuel Laing, "*National Distress*", Londres, 1844, p. (45-6)

77) *Irlanda. Emigração.* Se a população de trabalhadores no ciclo de dez anos da indústria pode exercer alguma influência perceptível no mercado de trabalho, só poderia ser na Inglaterra, e tomamos isso como modelo, porque aqui se desenvolve o modo de produção capitalista, e não, como no continente europeu, que em grande parte ainda se movimenta no solo de uma economia camponesa que não lhe corresponde, apenas pela influência que as

Karl Marx – Capítulo VI (inédito)

necessidades de valorização do capital exercem na expansão ou contração da emigração. Deve-se notar, em primeiro lugar, que a emigração de capitais, isto é, a parcela da renda anual investida como capital no exterior, particularmente nas colônias e nos Estados Unidos da América, é muito maior, em relação ao fundo de acumulação anual, do que o número de emigrantes anual da população. Uma parte deles, de fato, segue apenas o capital. Além disso, a emigração da Inglaterra, no que diz respeito ao seu principal componente, o agrícola, consiste em grande parte não de trabalhadores, mas de filhos de arrendatários etc. Até agora, eles foram mais do que substituídos pela imigração da Irlanda. Os períodos de estagnação e crise, quando a necessidade de emigrar é maior, são aqueles em que mais capital adicional é enviado para o exterior; e os períodos em que a emigração diminui coincidem com a diminuição da emigração de capital excedente. A proporção absoluta de capital e trabalho empregados no país é, portanto, pouco *afetada* pelas flutuações da emigração. Se a emigração na Inglaterra tomasse proporções sérias em relação ao aumento anual da população, teria destruído sua posição no mercado mundial. A emigração irlandesa desde 1848 desmentiu os malthusianos em todas as suas expectativas e profecias. Primeiro, eles declararam impossível a emigração que excedesse o crescimento populacional. Os irlandeses resolveram o problema apesar de sua pobreza. A parte que emigrou anualmente envia os meios de emigração aos que ficaram para trás. Em segundo lugar, esses mesmos senhores haviam profetizado que a fome, que matou um milhão, e o êxodo que se seguiu funcionariam na Irlanda da mesma forma que a Peste Negra em meados do século XIV, na Inglaterra. Aconteceu exatamente o contrário. A produção diminuiu mais rapidamente do que a população, assim como os meios de emprego dos trabalhadores agrícolas, embora seus salários, considerando os diferentes preços de subsistência, não sejam mais altos hoje do que eram em 1847. A população, no entanto, diminuiu em 15 anos de 8 para cerca de 4½ milhões. A produção de gado aumentou um pouco, no entanto, e Lord Dufferin, que quer transformar a Irlanda em um mero pasto para ovelhas, está certo de que ainda é muito numeroso. Os irlandeses, enquanto isso, não estão apenas levando seus próprios ossos para a América, mas a si mesmos, e o *"Exoriare aliquis ultor"* [que um vingador nasça] se torna terrível além do Transatlântico. Se olharmos para os dois últimos anos, 1864 e 1865, encontraremos para as principais culturas:

	1864 qrs	1865 qrs	Decréscimo
Trigo	875.782	826.783	48.999
Aveia	7.826.332	7.659.727	166.605
Cevada	761.909	732.017	29.892
Milho [*bere*]	15.160	13.989	1.171

	1864 ton.	1865 ton.	Decréscimo
Batatas	4.312.388	3.865.99	446.398
Nabos	346765	3.301.683	165 976
Linho	64.506	39.561	24.945

(O oficial: *"Agrícola. Estatísticas Irlanda"*, Dublin, 1866, p. 4)

[Notas de rodapé separadas]

Isso não impede que alguns sujeitos enriqueçam na rápida ruína do país. Tal como: O número de pessoas com renda anual de 900 a 1000£ 1864 : 59 e 1865 : 66, 1000 – 2000£ : 1864 : 315, 1865 : 342; 1864 [ver]

		1864	1865
Renda entre	3.000 – 4.000	46	50
	4.000 – 5.000	19	28
	5.000 – 10.000	30	44
	10.000 – 50.000	23	25

e: 3 pessoas, cada uma das quais 87.606£ [1864] 3, cada um dos quais 91.509£ [1865]. (*"Income and Property Tax Return."*) (7 agosto 1866) Lord Dufferin, que está entre o número desses "supranumerários", pensa com razão que a Irlanda ainda está superpovoada demais.

79) Assim, por exemplo, o ditado de transferir os fardos presentes para as gerações futuras por meio da dívida nacional. A pode dar a B, que de fato ou aparentemente lhe empresta bens, uma promissória sobre *produtos do futuro*, assim como há poetas e músicos do futuro. Mas A e B juntos nunca consomem um átomo do produto do futuro. Cada época paga seu próprio custo de guerra. No entanto, um trabalhador pode gastar o trabalho dos três anos seguintes antecipadamente neste ano. *"In pretending to stave off the expenses of the present hour to a future day, in pretending that you can burthen posterity to supply the wants of the existing generation"*, alega-se o absurdo, *"that you can consume what does not yet exist, that you can feed on provisions before their seeds have been sown in the earth ... All the wisdom of our statesmen will have ended in a great transfer of property from one class of persons to another, in creating an enormous fund for the rewards of jobs and peculation."* ["Fingindo protelar as despesas do presente para um dia futuro, fingindo que você pode sobrecarregar a posteridade para suprir as necessidades da geração existente", alega-se o absurdo, "que você pode consumir o que ainda não existe, que você pode se alimentar de provisões antes que suas sementes sejam semeadas na terra... Toda a sabedoria de nossos estadistas terá terminado em uma grande transferência de propriedade de uma classe de pessoas para outra, na criação de um enorme fundo para as recompensas de empregos e especulação.] (Percy Ravenstone, M.A., *Thoughts on the Funding System and its Effects*, Londres, 1824, p. 8-9.] Ainda que a formação do capital e o modo de produção capitalista se baseiem essencialmente na abolição não só do modo de produção feudal, mas também na *expropriação* dos camponeses, artesãos e em geral do modo de produção que se baseia *na propriedade privada do produtor imediato de suas condições de produção*; ainda que o modo de produção capitalista, uma vez introduzido, se desenvolva na mesma medida em que a propriedade privada e o modo de produção nela baseado sejam abolidos, esses produtores imediatos são *expropriados* em nome da *concentração de capital* (centralização); ainda que esse *processo de expropriação*, como é repetido sistematicamente mais tarde no *clearing of estates* [clareamento de propriedades], *introduza* o modo de produção capitalista em parte como um ato violento – não é apenas a *teoria do modo de produção do capitalista* (*economia política*, filosofia do direito etc.) que o ama, mas o capitalista mesmo em sua *ideia* de confundir seu tipo de propriedade e apropriação, que se baseia

Karl Marx – Capítulo VI (inédito)

na apropriação do trabalho alheio em seu progresso e na expropriação do produtor imediato, com aquele *modo de produção* que, inversamente, pressupõe a *propriedade privada do produtor direto de suas condições de produção* – pressuposto sob o qual o modo de produção capitalista na agricultura e na manufatura etc. seria *impossível* – e por isso também gosta de apresentar todo ataque à *forma de apropriação* capitalista como um ataque a outros tipos de propriedade, a propriedade pela qual se trabalhou, e na verdade a um ataque a *toda propriedade*. É claro que há sempre uma grande dificuldade em apresentar a expropriação das massas trabalhadoras da propriedade como condição de vida para a propriedade baseada no trabalho. (A propósito, a propriedade privada nessa forma sempre inclui pelo menos a escravidão dos membros da família, que são usados e explorados ao máximo pelo chefe da família.) A concepção *jurídica* geral, de Locke a Ricardo, é, portanto, a da propriedade *pequeno-burguesa*, enquanto as relações de produção que descrevem pertencem ao *modo de produção capitalista*. O que torna isso possível é a relação de *comprador* e *vendedor*, que permanece formalmente a mesma em ambas as formas. Encontram-se dualidades em todos esses escritores:

1) *economicamente* contra a *propriedade privada baseada no trabalho*, mostrando as vantagens da *expropriação da massa* e do *modo de produção capitalista*;

2) *ideológica* e *juridicamente*, a ideologia da *propriedade privada baseada no trabalho* é prontamente transferida para a propriedade baseada na *expropriação dos produtores imediatos*. "Foi apenas sob Frederico II que os súditos" (camponeses) "receberam direito hereditário e direitos de propriedade da maioria das províncias do Reino da Prússia. E esta portaria ajudou a acabar com um sofrimento camponês que ameaçava *despovoar* o país. Pois precisamente no século passado" (XVIII), "como os senhores dos feudos pretendiam *aumentar os rendimentos de seus feudos*, acharam vantajoso *expulsar alguns de seus súditos e transformar os feudos em senhorios*. As pessoas expulsas caíram na miséria como pessoas sem habitação; os outros súditos, no entanto, tornaram-se completamente insuportáveis porque os senhores do feudo agora esperavam que eles também cultivassem as antigas fazendas, cujos donos de outra forma facilitaram o cultivo da propriedade do feudo com seu trabalho. Esse 'massacre camponês' tornou-se particularmente ruim no leste da Alemanha. Quando F. II conquistou a Silésia, havia muitas mil propriedades camponesas sem estalajadeiros; as cabanas estavam em ruínas, os campos estavam nas mãos dos latifundiários. Todos os lugares confiscados tiveram que ser reconstruídos, dotados de proprietários de terras, mobiliados com gado e implementos e entregues aos camponeses como propriedade hereditária e privada. Quando Moritz Arndt ainda era jovem, o mesmo abuso causou revoltas entre o campesinato em Rügen, soldados foram enviados, rebeldes presos; os camponeses buscaram vingança por isso, eles emboscaram alguns nobres e os mataram. Da mesma forma na Saxônia em 1790 o mesmo abuso foi motivo de indignação." (G. Freytag)
Isso realmente mostrou o que eram os sentimentos da ralé feudal!

APÊNDICES

Karl Marx

Questionário para trabalhadores[1]

I

1 - Qual é seu ramo de indústria?

2 - A empresa em que você trabalha é de capitalistas privados ou é uma sociedade anônima? *Dê os nomes do empregador privado ou do gerente da empresa*[2].

3 - Informe o número de pessoas ocupadas.

4 - Informe seu sexo e sua idade.

5 - Qual é a idade média em que as crianças – homens ou mulheres – são admitidas?

6 - Informe o número de supervisores e outros empregados que não são trabalhadores assalariados comuns.

7 - Os aprendizes estão empregados, e quantos são?

8 - Existem, além dos trabalhadores habituais e regularmente empregados, outros chamados do exterior em determinadas épocas?

9 - O negócio de seu patrão [*master*] é realizado exclusiva ou principalmente para clientes locais, para o mercado doméstico geral ou para a exportação para países estrangeiros?

---

[1]   O questionário que aqui se apresenta ao leitor foi publicado pela primeira vez na revista francesa *La Revue Socialiste*, n. 4, em 20 de abril de 1880. O texto foi elaborado por Marx. A tradução tomou por base o manuscrito redigido em inglês (com poucas passagens em francês), porém também o cotejou com a edição francesa, uma vez que apresenta diferenças e em um caso específico uma passagem confusa e sem sentido (ver nota 17). Obviamente, no ato de sua publicação, os defeitos presentes no manuscrito foram retificados; no entanto, sentimos a necessidade de indicar ao leitor os elementos que diferenciam o rascunho original da redação final estabelecida por Marx. Faremos os devidos apontamentos em notas (todas as notas deste texto são da tradução).

[2]   A frase em itálico foi suprimida da redação final e não consta nem na tradução para o inglês nem na tradução italiana.

Karl Marx – Capítulo VI (inédito)

10 - O local de trabalho é rural ou urbano?

11 - Se sua indústria é desenvolvida no país, ela forma sua principal subsistência ou é acessória ou combinada com a agricultura?

12 - O trabalho é inteira ou principalmente feito a mão ou a máquina?

13 - Informe a divisão do trabalho na empresa em que está empregado.

14 - A energia a vapor é empregada como força motriz?

15 - Indique o número de conjuntos de salas de trabalho em que as diferentes partes do negócio são realizadas e descreva a parte do processo industrial em que você está empregado, não apenas tecnicamente, mas no que diz respeito à tensão muscular e nervosa que ela impõe e seus efeitos gerais sobre a saúde do operador.

16 - Descreva o estado sanitário de onde trabalha em relação ao tamanho (o espaço deixado para cada operário), ventilação, temperatura, caiação, local de trabalho, limpeza geral, ruído de máquinas, poeira, umidade etc.

17 - Existe alguma fiscalização, governamental ou municipal, sobre o estado sanitário do local de trabalho?

18 - Existem influências deletérias peculiares em sua empresa que geram doenças específicas entre os trabalhadores?

19 - O local de trabalho está superlotado com máquinas?

20 - A força motriz, o maquinário de transmissão e o maquinário de trabalho estão protegidos de modo a prevenir danos corporais aos trabalhadores?

21 - Informe os principais acidentes [que acarretaram perda de] membros e de vida dos operários durante sua experiência pessoal[3].

22 - Se estiver trabalhando em uma mina, informe as medidas de precaução tomadas por seu empregador para garantir a ventilação e evitar explosões e outros acidentes perigosos.

23 - Se estiver trabalhando em uma indústria metalúrgica, química, ferroviária ou outra especialmente perigosa, informe se as medidas de precaução foram tomadas por seu empregador.

24 - Que meios de iluminação, luz de gás, petróleo etc. são aplicados em seu local de trabalho?

25 - Existem meios de fuga suficientes dentro e fora dos edifícios de trabalho em caso de incêndio?

---

[3]   Texto alterado na edição francesa: *Enumérez les accidents arrivés durant votre expérience personnelle* [Liste os acidentes que aconteceram durante sua experiência pessoal].

Karl Marx – Questionário para trabalhadores

26 - Em caso de acidente, o empregador está legalmente obrigado a indenizar a vítima[4] ou sua família?

27 - Se não, ele indeniza de alguma forma as partes que sofreram no trabalho de enriquecê-lo?

28 - Existe algum atendimento médico em seu local de trabalho?

29 - Se trabalha em casa, informe as condições de seu local de trabalho; se você usa apenas ferramentas ou também pequenas máquinas; se você emprega sua esposa e seus filhos ou outros ajudantes, adultos ou crianças, homens ou mulheres; se você trabalha para clientes particulares ou para um "empresário"; se você se envolve com ele diretamente ou por meio de intermediários.

II

1 - Informe as horas diárias habituais de trabalho e o número habitual de dias úteis na semana.

2 - Informe o número de feriados durante o ano.

3 - Quais são os intervalos da jornada de trabalho?

4 - As refeições são fixadas em determinados intervalos regulares ou ocorrem de forma irregular? Elas ocorrem dentro ou fora da oficina?

5 - O trabalho é realizado durante as refeições?

6 - Se a energia a vapor for empregada, indique a hora exata de iniciar e parar.

7 - Há trabalho noturno?

8 - Informe o tempo de trabalho de crianças e jovens menores de 16 anos.

9 - Diferentes conjuntos de crianças e jovens se revezam durante o dia de trabalho?

10 - Os *decretos legislativos* existentes para o trabalho infantil são aplicados pelo governo e estritamente executados pelos empregadores?

11 - Existem escolas para crianças e jovens envolvidos em sua indústria? Em caso afirmativo, a que horas do dia as crianças estão na escola[5]? O que é ensinado a elas?

---

4   Na edição francesa: *ouvrier* [trabalhador].

5   No francês encontra-se acrescido: *qui les dirige?* [quem as dirige?].

Karl Marx – Capítulo VI (inédito)

12 - Onde o trabalho é continuado dia e noite, *que sistema de desloca-mento – revezamento de um conjunto de trabalhadores por outro – é empregado*[6]?

13 - Até que ponto as horas habituais de trabalho são prolongadas durante tempos de pressão industrial?

14 - A limpeza das máquinas é feita por um número extra de operá-rios, contratados para a tarefa, ou é feita gratuitamente pelos operários, empregados nas máquinas, durante sua jornada normal de trabalho?

15 - Quais são as normas e penalidades relativas ao *cumprimento exato pelos trabalhadores do horário de início da jornada de trabalho*[7] ou quando recomeça após as refeições?

16 - Quanto tempo você perde diariamente indo de casa para o local de trabalho e retornando para casa do local de trabalho?

III

1 - Qual é o modo de contratação de seu patrão? Você está contratado diariamente, semanalmente, mensalmente etc.?

2 - Quais são as condições estipuladas para dar ou receber licença?

3 - Em caso de descumprimento do contrato, se o patrão for o inadim-plente, em quais penalidades ele incorrerá?

4 - Se o trabalhador for o inadimplente, em quais penalidades incor-rerá?

5 - Se aprendizes estiverem empregados, indique os termos de seu contrato.

6 - Sua ocupação é regular ou irregular?

7 - Seu ramo da indústria é realizado principalmente em determinadas épocas ou o trabalho, em épocas normais, está distribuído de forma mais ou menos uniforme ao longo de todo o ano? Se seu trabalho está vinculado a certas estações, como você vive no intervalo?

8 - Seu salário é calculado por tempo ou por peça?

9 - Se por tempo, é contabilizado por uma única hora ou por todo o dia de trabalho?

10 - Os salários extras – e quais – são pagos em caso de *horas extras*?

---

[6] Na edição francesa a parte em itálico foi reduzida: *quel est le système de relais?* [qual é o sistema de relé?].

[7] A edição francesa substitui a parte grifada em itálico por: *retards* [atraso].

Karl Marx – Questionário para trabalhadores

11 - Se seu salário for pago *à la pièce* [por peça], informe o método de fixação; se você estiver empregado em indústrias em que a massa do trabalho feito é estimada por medida ou por peso (p. ex. em minas de carvão), há truques a que seu patrão e seus subordinados recorrem para defraudar parte de seus ganhos?

12 - Se você é pago por peça, a qualidade do artigo constitui pretexto para dedução fraudulenta do salário?

13 - Quer seja calculado por tempo, quer seja por trabalho por peça, em que termos seu salário é pago? Em outras palavras, quanto tempo de crédito você deve dar a seu patrão antes de receber o pagamento pelo trabalho feito? É pago após o período de uma semana, um mês etc.?

14 - Você verificou que tal atraso no pagamento de salários o obriga a recorrer frequentemente aos *monts de pieté* [casas de penhores], pagando juros altos e desfazendo-se de coisas que você deveria ter à sua disposição, ou tomar crédito de lojistas, e tornando-se seu devedor para se tornar sua presa[8]?

15 - Os salários são pagos diretamente pelo "patrão" ou por meio de um intermediário, "*marchandeur*" [comerciante] etc.?

16 - Se os salários forem pagos por meio de "*marchandeurs*" ou outros intermediários, indique os termos de seu contrato.

17 - Informe o valor diário ou semanal de seu salário em dinheiro.

18 - Informe os salários para o mesmo tempo de trabalho das mulheres e crianças que cooperam com você na mesma oficina.

19 - Informe os salários diários mais altos e *mais baixos*[9] durante o último mês.

20 - Informe os salários por peça mais altos e *mais baixos*[10] durante o último mês.

21 - Informe seus ganhos reais durante o mesmo período e, se você tiver uma família, também os de sua esposa e seus filhos.

22 - Os salários são pagos em dinheiro ou parcialmente de outra forma?

---

[8] Na edição francesa encontra-se acrescentada a seguinte questão: *Connaissez-vous des cas où des ouvriers ont perdu leurs salaires par la faillite ou la banqueroute de leurs patrons?* [Você conhece casos em que trabalhadores perderam seus salários por falência ou bancarrota de seus patrões?].

[9] A redação em francês solicita informar apenas o salário mais alto.

[10] Também foi suprimida a informação do "mais baixo" salário por peça.

Karl Marx – Capítulo VI (inédito)

23 - Se sua casa é alugada de seu empregador, indique em que termos. Ele deduz o aluguel do seu salário?

24 - Informe o preço de suas necessidades, como[11]:

a) o aluguel de sua casa e o prazo pelo qual ela é alugada; o número de cômodos que a compõem; para quantos indivíduos; reparos e seguro; compra e manutenção de móveis; dormitório; aquecimento, iluminação, água etc.;

b) alimentos: pão, carne, legumes (batatas etc.); laticínios, ovos, peixes; manteiga, óleo, gordura; açúcar, sal, especiarias; café, chá, chicória; cerveja, cidra, vinho etc.; tabaco;

c) vestuário (para pais e filhos); lavanderia; cuidados de limpeza, banhos, sabonetes etc.;

d) despesas diversas, tais como postagem de cartas, empréstimos e despesas de depósitos em casas de penhores, despesas de escola dos filhos, despesas de aprendizagem, compra de jornais, livros etc. Contribuições para sociedades de ajuda mútua, para greves, coalizões, sindicatos etc.;

e) despesas, se houver, incorridas no decorrer de seu trabalho;

f) impostos.

25 - Tente organizar em forma de orçamento sua renda semanal e anual (e a de sua família, se tiver) e sua despesa semanal e anual.

26 - Você observou durante sua experiência pessoal um aumento maior nas necessidades da vida (como aluguel da casa, preço dos alimentos etc.) que nos salários?

27 - Informe as mudanças na *taux de salaires* [taxa de salário] ocorridas de que você puder lembrar-se.

28 - Informe a queda de salários durante os tempos de estagnação ou crise[12].

29 - Informe o aumento dos salários nos chamados tempos de prosperidade.

30 - Informe a interrupção do trabalho por mudança de conjuntura, e crises parciais ou gerais[13].

---

[11] Os itens abaixo, relacionados neste tópico, foram redigidos em francês no manuscrito.

[12] No francês: *stagnation et de crise industrielle* [estagnação e de crise industrial].

[13] Na edição francesa encontra-se acrescentado: *Racontez vos propres chômages involontaires* [Fale sobre seu próprio desemprego involuntário].

Karl Marx – Questionário para trabalhadores

31 - Informe as alterações no preço dos artigos que produz ou dos serviços que presta em comparação com as alterações simultâneas ou a permanência de seu salário.

32 - No tempo de sua experiência, os trabalhadores foram substituídos em função da introdução de máquinas ou de outras melhorias?

33 - Com o desenvolvimento da maquinaria e da força produtiva do trabalho, a intensidade e a duração do trabalho diminuíram ou aumentaram?

34 - Tem conhecimento de algum aumento dos salários em consequência da melhoria da produção?

35 - Você já conheceu situações em que um operário comum foi autorizado a se aposentar, aos 50 anos de idade, com o dinheiro ganho como trabalhador assalariado?

36 - Qual é o número de anos durante os quais, em seu ramo de atividade, um operário de saúde média pode continuar seu trabalho?

IV

1 - Existem sindicatos[14] em seu ramo de atividade e como eles são gerenciados?

2 - Quantas greves ocorreram em seu ramo de atividade durante sua experiência pessoal?

3 - Quanto tempo duraram essas greves?

4 - Elas foram parciais ou gerais?

5 - Tiveram como finalidade o aumento de salários ou resistência à sua redução; ou se relacionavam com a duração da jornada de trabalho; ou surgiram de algum outro motivo?

6 - Qual foi o resultado[15]?

7 - Seu ramo de atividade apoia as greves de trabalhadores pertencentes a outros ramos?

---

[14] No manuscrito o termo utilizado é *tradesunions*. Em francês o termo é substituído por *sociétés de résistance* [sociedades de resistência]. O emprego de tal terminologia genérica condiz com as condições da organização dos trabalhadores na época, em que os sindicatos eram considerados ilegais. Somente em 1884 a Lei Le Chapelier, de 1791, foi revogada.

[15] O texto em francês acrescenta outro item logo abaixo, inexistente no manuscrito de Marx: *88. Parlez de l'action des Prud'hommes* [Fale da ação dos *Prud'hommes*]. *Prud'homme* era o tribunal responsável pela aplicação das leis trabalhistas.

Karl Marx – Capítulo VI (inédito)

8 - Informe as regras e as penalidades por violação dessas regras estabelecidas por seu patrão para o controle de seus trabalhadores assalariados.

9 - Existem coalizões entre os patrões para impor aos trabalhadores redução de salários, aumento da jornada de trabalho, interferência nas greves e, em geral, para impor suas ordens à classe trabalhadora?

10 - Em sua experiência, o governo abusou da força pública a serviço dos patrões contra seus homens?

11 - O mesmo governo, em sua experiência, já interferiu pelos homens contra os abusos e combinações ilegais dos patrões?

12 - O governo aplica as leis fabris, na medida em que existem, contra os patrões? Seus inspetores – se houver – cumprem rigorosamente seus deveres?

13 - Existe em sua oficina ou em suas sociedades comerciais ajuda e assistência mútua em caso de acidentes, doença, morte, incapacidade temporária para o trabalho, velhice etc.[16]?

14 - A adesão a tais sociedades é voluntária ou obrigatória? Seus fundos estão sob o controle exclusivo dos trabalhadores?

15 - Se as contribuições para esses fundos são obrigatórias e sob o controle do patrão, ele deduz as contribuições dos salários? Ele paga juros por elas? *Os trabalhadores que usam licenças ou são demitidos têm os fundos restituídos[17]?*

16 - Existem empresas cooperativas de trabalhadores em seu departamento de indústria? Como elas são gerenciadas? Elas também empregam operários externos por salários da mesma maneira que os capitalistas?

---

[16] Na edição francesa acrescenta-se: *Envoyez leurs statuts et règlements* [Envie seus estatutos e regulamentos].

[17] Em inglês no rascunho de Marx, tal passagem se encontra da seguinte maneira: "15) If the contributions to such funds are compulsory and under the control of the master, does he deduct the contributions from the wages; does he pay interest for them? *Have the working men giving or receiving leave their instalments returned*?" A última frase, por nós destacada em itálico, apresenta um sentido bastante confuso, impossibilitando sua tradução literal. Decerto o manuscrito de Marx foi corrigido por ocasião de sua publicação na edição francesa, em que se apresenta sob a seguinte redação: "97. Si les contributions sont compulsives et sous le contrôle des maîtres, les retiennent-ils sur les salaires? *Est-ce qu'elles sont rendues à l'ouvrier quand il donne congé ou est expulsé?* Connaissez-vous des cas où des ouvriers ont bénéficié de soi-disant caisses de retraite contrôlées par les patrons, mais dont le capital constituant est prélevé sur les salaires des ouvriers?" A edição francesa opta por fazer a inversão das frases e por meio da modificação de elementos do manuscrito termina por conferir sentido à frase.

Karl Marx – Questionário para trabalhadores

17 - Em suas oficinas de trabalho, parte da remuneração do operário é paga sob nome de salários e outra parte nas chamadas participações nos lucros do patrão? Compare toda a renda desses operários com a de outros em que não existe essa chamada parceria. Informe os compromissos dos trabalhadores que vivem sob esse regime. Informe se eles estão autorizados a participar de greves etc. ou se somente lhes é permitido ser "sujeitos" obedientes a seu patrão[18].

18 - Qual é a condição geral física, intelectual e moral dos trabalhadores e trabalhadoras em seu ramo de atividade[19]?

---

[18] Variação no francês: *les humbles serviteurs de leurs maitres* [humildes servidores de seus mestres].

[19] Na edição francesa se acrescenta um último item: *Observations générales* [observações gerais].

Marx a Friedrich Adolph Sorge

(Hoboken)
[Londres] 5 nov. 1880
41, Maitland Park Road, N.W.

Prezado Sorge,

Tenho que explicar meu longo silêncio 1. porque estou muito sobrecarregado, 2. porque a doença de minha esposa com risco de morte dura mais de um ano.

Você viu por si mesmo como John Most floresceu e quão miseravelmente o chamado órgão do partido, o *Sozialdemokrat* de Zurique (para não falar do *Jahrbuch* [Anuário] daquele lugar) – *duce* [diretor] dr. Höchberg –, é dirigido. Eu e Engels, portanto, mantínhamos correspondência constante com o pessoal de Leipzig, na qual muitas palavras duras foram ditas. Mas evitamos intervir *de forma pública*. Não convém àqueles que se sentam quietos no exterior, *comparativement parlant* [falando comparativamente], tornar a posição ainda mais difícil para aqueles que trabalham em casa sob as circunstâncias mais difíceis e com grande sacrifício pessoal, para diversão da burguesia e do governo. Liebknecht esteve aqui* há algumas semanas, e "melhorias" são prometidas em todos os aspectos. A organização do partido foi revivida, o que só poderia ter acontecido secretamente, ou seja, na medida em que "segredo" significa: segredo da polícia.

Foi apenas em um jornal socialista *russo* que descobri plenamente a perversidade de Most. Ele nunca ousou imprimir em *alemão* o que pode ser lido aqui no vernáculo *russo*. Isso não é mais um ataque a indivíduos,

---

* Wilhelm Liebknecht visitou Marx e Engels em Londres no último terço de setembro de 1880. August Bebel, que pretendia ir também, não conseguiu. Em 22 de setembro de 1880, ele escreveu a Engels: "Eu adoraria ter ido até lá para conhecê-lo pessoalmente, mas desta vez não deu certo de novo...". Bebel, junto com Eduard Bernstein, visitou Marx e Engels em Londres no mesmo ano, de 9 a 16 de dezembro de 1880. Em ambos os encontros Marx e Engels explicaram que atitude política e teórica o órgão do partido deveria adotar para dar aos membros da organização a orientação correta em sua luta nas condições da Lei Antissocialista. (N. T.)

Karl Marx – Capítulo VI (inédito)

mas sim um arrastar de *todo o movimento dos trabalhadores alemães* para a merda. Ao mesmo tempo, destaca-se sua *absoluta falta de compreensão* da doutrina com a qual anteriormente ele lidava de forma grotesca. É uma tagarelice tão tola, tão ilógica, tão miserável que acaba se transformando em *nada*, ou seja, na vaidade pessoal sem fundo de Johannes Most. Como, apesar de toda a gritaria, não conseguiu nada na Alemanha – a não ser certa turba berlinense, por exemplo –, aliou-se à descendência parisiense dos bakuninistas, o grupo que publica a *Révolution Sociale* (cujos leitores são exatamente = 210 homens), mas que tem companheiros aliados à "*Commune*" [comuna] de Pyat. O covarde e melodramático farsante Pyat – em cuja "Comuna" figura como o braço direito de Bismarck – se ressente de mim porque sempre lhe dediquei meu absoluto desprezo e contrariei todas as suas tentativas de usar a *Internationale* [Internacional] para seus truques sensacionalistas. De qualquer forma, Most fez o bem de reunir todos os gritadores – Andreas Scheu, Hasselmann etc. etc. – como um grupo.

Como resultado do novo cerco de Bismarck* e da perseguição aos membros de nosso partido, é absolutamente necessário arrecadar dinheiro para o partido. Por isso escrevi ontem** para John Swinton (pois um burguês bem-intencionado é mais adequado para esse fim) e ao mesmo tempo lhe disse que deve recorrer a você para obter informações mais detalhadas sobre as condições alemãs.

Além das bagatelas mencionadas na página anterior – e quantas coisas assim vimos aparecerem e se dissiparem sem deixar rastro durante nossos muitos anos de exílio –, as coisas estão indo muito bem no geral (falo do desenvolvimento geral europeu), bem como dentro do círculo do efetivo partido revolucionário no continente.

Você provavelmente notou que o *Egalité* [Igualdade] em particular (graças *en première instance* [principalmente] à passagem de Guesde para nós e ao trabalho de meu genro Lafargue) se tornou o primeiro jornal operário "francês" no verdadeiro sentido da palavra. Mesmo Malon na *Revue socialiste* – embora*** com as inconsistências inseparáveis de sua

---

* Em 27 de outubro de 1880, o Conselho Federal decidiu impor um estado de sítio a Hamburgo e arredores, com efeitos a partir de 29 de outubro de 1880. A base para isso foi a Seção 28 da Lei Antissocialista. No momento em que a decisão foi anunciada, 75 pessoas foram expulsas de Hamburgo. (N. T.)

** Ver "Marx an John Swinton - 4 November", em Karl Marx e Friedrich Engels, *Werke*, v. 34 (Berlim, Dietz Verlag, 1966), p. 472-3. (N. T.)

*** Em caligrafia: aqueles. (N. A.)

Marx a Friedrich Adolph Sorge

natureza eclética – (nós éramos inimigos, já que ele era originalmente um dos cofundadores da Aliança*) teve que abraçar o *socialisme moderne scientifique* [socialismo científico moderno], ou seja, o alemão. Eu escrevi o *"questionneur"* [questionário] para ele, que foi impresso pela primeira vez na *Revue socialiste* e depois distribuído por toda a França em um número muito grande de reimpressões**. Pouco depois, Guesde veio a Londres para trabalhar conosco (*myself* [eu], Engels e Lafargue) em um programa eleitoral*** para os trabalhadores para as próximas eleições gerais. Com exceção de alguns *allotria* [besteiras], que, apesar de nossos protestos, Guesde achou necessário lançar aos trabalhadores franceses, como o salário mínimo fixado por lei etc. (eu lhe disse: se o proletariado francês é tão pueril a ponto de precisar de tal isca, *so is it not worth while drawing up any programme whatever* [então não vale a pena elaborar qualquer pro-

---

* A Alliance de la Démocratie Socialiste [Aliança da Democracia Socialista] foi fundada por Mikhail Bakunin em outubro de 1868 em Genebra como uma organização internacional de anarquistas. Em seu programa, proclamou principalmente a igualdade de classe e a abolição imediata do Estado. Em 1869, o Conselho Geral da Associação Internacional dos Trabalhadores aprovou a incorporação da Aliança com a condição de que esta se dissolvesse como uma organização internacional autônoma, o que não ocorreu de fato. Ela travou uma luta constante contra o Conselho Geral para tomar a direção da Internacional. Após a Comuna de Paris, os anarquistas intensificaram suas ações contra o Conselho Geral. Na época, Bakunin e seus seguidores atacaram particularmente a teoria marxista do Estado, a doutrina da ditadura do proletariado. Eles negavam qualquer luta política, a necessidade de partidos revolucionários de massa e se opunham aos princípios do centralismo democrático. O Congresso de Haia de 1872 votou para expulsar os líderes da Aliança, Bakunin e James Guillaume, das fileiras da Associação Internacional dos Trabalhadores. Em seu relatório "Uma conspiração contra a Associação Internacional dos Trabalhadores", Marx e Engels expuseram o programa, objetivos e métodos da Aliança. (N. T.)

** Marx escreveu o "Questionário dos Trabalhadores" na primeira quinzena de abril de 1880, a pedido do editor da revista *La Revue socialiste*, Benoît Malon. Os editores publicaram o questionário sem referência de autoria na edição de 20 de abril de 1880 e como uma separata, da qual 25 mil exemplares foram distribuídos por toda a França. (N. T.)

*** O programa eleitoral do partido operário francês ("Programme electoral des travailleurs socialistes") foi elaborado em maio de 1880 por Jules Guesde e Paul Lafargue juntamente com Marx e Engels e publicado pela primeira vez no *Égalité* em 30 de junho de 1880. Em 1883, apareceu como uma publicação autônoma com autoria de Guesde e Lafargue. A "Einleitung zum Programm der französischen Arbeiterpartei" [Introdução ao Programa do Partido Operário Francês] (em Karl Marx e Friedrich Engels, *Werke*, v. 19, Berlim, Dietz Verlag, 1987, p. 238) foi ditada a Guesde por Marx, e o restante foi fruto de uma discussão conjunta. (N. T.)

Karl Marx – Capítulo VI (inédito)

grama que seja]), este documento muito curto consiste – além de palavras introdutórias, em que o objetivo comunista é definido em poucas linhas, em sua parte econômica – apenas em demandas que realmente surgiram espontaneamente do próprio movimento operário. Foi um passo violento para tirar os trabalhadores franceses de seu nevoeiro retórico e trazê-los de volta à realidade e, portanto, também ofendeu muito todos os vigaristas franceses que vivem de produzir "nevoeiro". O programa foi adotado pela primeira vez na *Région centrale* [região central] – ou seja, Paris e seus arredores – após uma oposição feroz dos anarquistas e, mais tarde, em muitos outros centros de trabalhadores. A formação simultânea de grupos opostos de trabalhadores – que, no entanto (*sauf les anarchistes* [fora os anarquistas], não são compostos de trabalhadores reais, mas de *déclassés* [rebaixados] com alguns trabalhadores enganados como seus soldados comuns), aceitaram a maioria das exigências "práticas" do programa; o fato de que pontos de vista muito divergentes foram expressos apenas em relação a outras questões, prova aos meus olhos que esse é o primeiro movimento real de trabalhadores na França. Até agora só houve seitas, que naturalmente receberam sua *mot d'ordre* [palavra de ordem] do fundador da seita, enquanto a massa do proletariado seguia os burgueses radicais ou pseudorradicais e lutava por eles no dia da decisão, apenas para serem massacrados, deportados etc., no dia seguinte, pelos companheiros que eles haviam colocado no poder.

O *Émancipation* [Emancipação], lançado há poucos dias em Lyon, será o órgão do *parti ouvrier* [partido trabalhador] que surgiu com base no socialismo alemão.

Enquanto isso, tivemos e temos nossos protagonistas no campo dos próprios adversários – ou seja, no campo radical. Theisz assumiu a questão trabalhista no *Intransigeant* [Intransigente], órgão de Rochefort; após a derrota da "Comuna", ele veio, como todos os socialistas franceses "pensantes", para Londres como um proudhonista, onde mudou completamente pelo contato pessoal comigo e pelo estudo consciencioso de *O capital*. No entanto, meu genro desistiu de sua cátedra no King's College, voltou para Paris (felizmente sua família ainda está aqui por enquanto) e tornou-se um dos editores mais influentes do *Justice* [Justiça] de Clemenceau, *chef* [chefe] da extrema esquerda. Ele trabalhou tão bem que Clemenceau – que em abril passado se manifestou publicamente contra o socialismo e defendia a visão republicana democrata americana – em seu discurso mais recente

Marx a Friedrich Adolph Sorge

contra Gambetta em Marselha, se aproximou de nós tanto em termos da tendência geral como com referência aos pontos individuais mais essenciais contidos no programa mínimo*. Se ele cumprirá o que promete é totalmente irrelevante. De qualquer forma, ele introduziu nosso elemento no partido radical, cujos órgãos, curiosamente, agora admiram na boca de Clemenceau como algo maravilhoso, o que, enquanto foi** apresentado apenas como um slogan do *"parti ouvrier"* [partido trabalhador], foi ignorado ou ridicularizado por eles.

Nem preciso dizer – porque você conhece o chauvinismo francês – que os fios secretos pelos quais os líderes, de Guesde-Malon a Clemenceau, foram acionados estão – *entre nous* [entre nós]. *Il n'en faut pas parler. Quand on veut pour Messieurs les Français, il faut le faire anonymement, pour ne pas choquer le sentiment "national"* [Não se deve falar sobre isso. Quando se quer falar para os cavalheiros franceses, deve-se fazê-lo anonimamente, para não ofender o sentimento "nacional"]. *As it is, the Anarchists denounce our co-operators already as Prussian agents, under the dictatorship of the "notorious" Prussian agent – Karl Marx.* [Do jeito que está, os anarquistas denunciam nossos cooperadores já como agentes prussianos, sob a ditadura do "notório" agente prussiano – Karl Marx].

Na Rússia – onde *O capital* é mais lido e reconhecido do que em qualquer outro lugar – nosso sucesso é ainda maior. Por um lado, temos os críticos (principalmente jovens professores universitários, alguns dos quais são meus amigos pessoais, e também alguns redatores de revistas), por outro lado, o *Comitê Central Terrorista****, cujo programa, recentemente impresso e publicado secretamente em Petersburgo, despertou grande raiva entre os anarquistas russos da Suíça, que publicam *A Distribuição*

---

* Em seu discurso em Marselha em 29 de outubro de 1880, Georges-Benjamin Clemenceau apresentou um programa de reformas sociais e democráticas, que incluía, por exemplo, substituição dos impostos indiretos por um imposto progressivo sobre renda e herança, abolição da carteira de trabalho, participação dos trabalhadores no estabelecimento da ordem interna da empresa, autogestão dos fundos dos trabalhadores, proibição de trabalho de menores de 14 anos, redução da jornada de trabalho etc. Clemenceau tirou alguns desses pontos do *Programa Mínimo* do Partido Operário Francês. (N. T.)

** Em caligrafia: o que ela. (N. A.)

*** Referência ao Comitê Executivo de São Petersburgo da Narodnaja Volja [Vontade do Povo], uma sociedade secreta de populistas fundada em 1879. O Comitê começou a luta revolucionária contra a autocracia czarista, mas tentou atingir seu objetivo por meio do terror individual. Em 1881 a organização foi esmagada pelo governo czarista. (N. T.)

Karl Marx – Capítulo VI (inédito)

Negra (traduzido literalmente do russo, *Tschorny Peredel*) em Genebra. Essas pessoas – principalmente aquelas (não todas) que deixaram a Rússia voluntariamente –, em contraste com os terroristas, que arriscam sua pele, formam o chamado partido da propaganda. (Para fazer propaganda na Rússia – vá para Genebra! *Que quid pro quo!*) Esses senhores são contra toda ação político-revolucionária. A Rússia deveria avançar para o milênio anarquista-comunista-ateu com um salto mortal! Enquanto isso, eles estão se preparando para esse salto com o doutrinarismo enfadonho dos assim chamados *principes courent la rue depuis feu* Bakounine [princípios que correm as ruas desde o tempo do falecido Bakunin].

É o suficiente por agora. Espero [ouvir] notícias suas em breve. Saudações de minha esposa.

Totus tuus [Todo seu]

Karl Marx

Seria muito bom se você pudesse me encontrar algo sólido (cheio de conteúdo) sobre as condições econômicas na Califórnia, às minhas custas, é claro A Califórnia é muito importante para mim, porque em nenhum outro lugar a centralização capitalista trouxe uma reviravolta tão vergonhosa – tão rapidamente.

ÍNDICE ONOMÁSTICO

Arndt, Ernst Moritz (1769-1860) – escritor, historiador e filólogo alemão, participou ativamente da luta de libertação alemã contra o domínio de Napoleão; membro da Assembleia Nacional de Frankfurt, defensor da monarquia constitucional. 140

Bakunin, Michail Alexandrovitsch (1814-1876) – revolucionário russo. Inicialmente hegeliano de esquerda, depois anarquista, adversário do marxismo. Participou da Internacional de 1869 a 1872. 155, 158

Bastiat, Claude Frédéric (1801-1850) – economista, político e jornalista francês. Opôs-se às ideias socialistas por meio de sátiras e escritos humorísticos. Pregou uma política de harmonia de interesses de classe no interior da sociedade burguesa. 45, 71, 73, 79, 119, 128

Bismarck, Otto von (1815-1898) – estadista e diplomata prussiano. Chefiou o governo da Prússia e, após a unificação da Alemanha, o Segundo Império. Apoiou a repressão à Comuna de Paris e foi autor da lei de exceção contra a social-democracia (conhecida como "lei contra os socialistas"). 154

Brougham e Vaux, Henry Peter, barão (1778-1868) – estadista, advogado e escritor britânico; político Whig. 72

Cairnes, John Elliott (1823-1875) – economista irlandês, tido como último representante da escola clássica, reafirmou as principais doutrinas dessa tendência em principal obra, *Some Leading Principles of Political Economy Newly Expounded* [Alguns dos princípios orientadores da economia política expostos de uma nova maneira] (1874). Opôs-se à escravidão no Sul dos Estados Unidos. 105

Carey, Henry Charles (1793-1879) – economista estadunidense, muitas vezes considerado fundador da escola americana de economia, defendia as barreiras comerciais, opondo-se ao *laissez-faire* do liberalismo inglês. Era adepto da teoria da harmonia das classes no interior da sociedade capitalista. 74

Cherbuliez, Antoine-Élisée (1797-1869) – economista suíço, adepto de Sismondi, ligou a teoria deste com elementos da doutrina de Ricardo. 57, 70, 129

Clemenceau, Georges-Benjamin (1841-1929) – médico, jornalista e político francês, deputado, senador e primeiro-ministro. Implantou uma política de repressão feroz à classe operária. Chefiou o país durante a Primeira Guerra e participou da assinatura do Tratado de Versalhes. 156-7

Karl Marx – Capítulo VI (inédito)

Destutt de Tracy, Antoine-Louis-Claude, conde (1754-1836) – economista, filósofo e político francês; partidário da monarquia constitucional. 129-30

Dufferin e Ava, Frederick Hamilton-Temple-Blackwood, marquês de (1826-1902) – político e escritor britânico. Foi Governador-Geral do Canadá (1872-1878). 138-9

Engels, Friedrich (1820-1895) – filósofo e político alemão, amigo e colaborador de Karl Marx, com quem escreveu várias obras fundamentais. Dedicou-se ao problema da dialética da natureza e aos estudos sobre a situação da classe trabalhadora na Inglaterra. Depois da morte de Marx, encarregou-se da publicação dos Livros II e III de *O capital*. 80, 81, 88, 113, 153-5

Forcade, Eugène (1820-1869) – editor francês, fundou em 1854 o periódico *La Semaine financière* [Semana financeira], uma publicação econômica ligada aos Rothschilds. No início da década de 1860, atacou violentamente a política econômica e financeira do Segundo Império. 46-7

Frederico II [F. II.] (1712-1786) – rei prussiano (1740 a 1786). Habilidoso diplomata e estrategista militar, ampliou enormemente os territórios da Prússia e fez dela a principal potência militar da Europa. Monarca esclarecido, patrocinou a língua e a arte francesas em seu país. 140

Gambetta, Léon (1838-1882) – político francês, republicano; entre 1870 e 1871 foi membro do governo de Defesa Nacional da França e, de 1881 a 1882, primeiro-ministro e ministro do Exterior. 157

Guesde, Jules (1845-1922) – político e editor socialista francês. Participou de várias publicações, dentre elas o jornal *Les Droits de l'Homme* [Os direitos do homem]. Foi fundador do Partido Operário, no qual se chocaria com Jaurès e Millerand. Durante a Primeira Guerra, foi ministro. 154-5, 157

Hasselmann, Wilhelm (1844-1916) – um dos líderes da Associação Geral dos Trabalhadores Alemães; mais tarde, tornou-se anarquista e, em 1880, foi excluído da social-democracia. 154

Höchberg, Karl (1853-1884) – escritor de tendência reformista, aderiu à social-democracia alemã por volta de 1875. Financiou diversos periódicos e publicações socialistas. 153

Hodgskin, Thomas (1787-1869) – escritor socialista inglês, foi um crítico pioneiro do capitalismo, em geral contabilizado entre os utópicos. Desenvolveu teorias sobre economia política, tendo defendido o livre comércio e os primeiros sindicatos, em uma tentativa de unir socialismo e teoria ricardiana. 72

Lafargue, Paul (1842-1911) – médico, jornalista e revolucionário socialista franco-cubano. Foi genro de Karl Marx, casando-se com sua filha Laura. Seu mais conhecido trabalho é *O direito à preguiça*. Suicidou-se junto com Laura, aos 69 anos, em um pacto existencial. 154-5

Liebknecht, Karl (1871-1919) – político e dirigente socialista alemão. Em 1916, fundou a Liga Espartaquista, movimento de oposição ao regime social-democrata vigente

Índice onomástico

na República de Weimar. Morreu junto com Rosa Luxemburgo, assassinado por milícia reacionária. 153

Locke, John (1632-1704) – filósofo inglês. Um dos mais influentes pensadores do século XVII. 154

Malon, Benoît (1841-1893) – político e militante socialista francês. Opôs-se à ideia de um socialismo evolucionista. Fundou *La Revue Socialiste* [A Revista Socialista] e escreveu, entre outros, os livros: *História do socialismo* e *Socialismo integral.* 154-5, 157

Martineau, Harriet (1802-1876) – ensaísta, romancista e jornalista inglesa. Estudiosa do positivismo de Auguste Comte, notabilizou-se por uma série de histórias que divulgavam as ideias da economia clássica, especialmente as de Thomas Robert Malthus e David Ricardo. Defendia reformas moderadas na sociedade burguesa. 71

Mill, John Stuart (1806-1873) – economista e filósofo inglês, epígono da economia política burguesa clássica, adepto do livre-comércio. 70, 129

Milton, John (1608-1674) – poeta, panfletista e historiador inglês. Escreveu *Paraíso perdido*, tido como principal poema épico da língua inglesa. 116

Most, Johannes [John] (1846-1906) – político teuto-americano. Embora tenha ingressado na carreira política como social-democrata e membro da Primeira Internacional, Most tornou-se uma das mais proeminentes figuras do anarquismo, sobretudo por meio de sua oratória propagandista. 153-4

Proudhon, Pierre-Joseph (1809-1865) – filósofo, político e economista francês, considerado um dos mais influentes autores anarquistas. 43, 45-7, 73, 85, 156

Pyat, Félix (1810-1889) – jornalista, dramaturgo e político francês; participou da Revolução de 1848 e da Comuna de Paris. 154

Ricardo, David (1778-1823) – economista inglês, considerado um dos fundadores da economia política clássica. 67, 69, 77, 81, 83, 120-1, 129, 137, 140

Robinson Crusoé – protagonista de um romance de Daniel Defoe, é um náufrago que passou 28 anos isolado em uma ilha tropical. 93

Roscher, Wilhelm Friedrich Georg (1817-1894) – economista alemão, defendeu uma doutrina liberal de cunho historicista, fundamentada no repertório filosófico greco-romano, de onde o apelido sarcástico dado a ele por Marx: W. *Tucídides* Roscher. 47, 83

Rossi, Pellegrino Luigi Edoardo, conde (1787-1848) – economista, jurista e político italiano; viveu por longo tempo na França. Vulgarizou as teorias de Adam Smith e David Ricardo. 69, 77

Rothschild, Lionel Nathan Von, barão (1820-1886) – banqueiro e político alemão, chefe das operações londrinas da família Rothschild, famosa dinastia bancária europeia, que por cerca de 200 anos exerceu grande influência na economia e na política do continente. Membro do Parlamento a partir de 1858; político Whig. 71

Say, Jean Baptiste (1767-1832) – economista francês, entusiasta das ideias iluministas e fortemente influenciado por Adam Smith. 74, 119

Karl Marx – Capítulo VI (inédito)

Scheu, Andreas (1844-1927) – político social-democrata austríaco, um dos pioneiros do movimento operário em seu país. Tornou-se um importante aliado do grupo de Eleanor Marx e Edward Aveling na disputa com Henry Hyndman no interior da Federação Social-Democrata, em 1884. 154

Shakespeare, William (1564-1616) – poeta, dramaturgo e ator inglês, é o principal escritor da Inglaterra, considerado um dos maiores dramaturgos de todos os tempos. Autor, entre outros, de *Romeu e Julieta*, *Macbeth* e *Hamlet*. 105

Sismondi, Jean Charles Léonard Simonde de (1773-1842) – Economista suíço, crítico pequeno-burguês do capitalismo. 22, 26, 74, 83, 89

Smith, Adam (1723-1790) – filósofo escocês, autor de *A riqueza das nações* (1776), livro que teria lançado, pela primeira vez, as bases da economia política burguesa de maneira sistemática. 23, 83, 122, 128

Sorge, Friedrich Adolph (1828-1906) – comunista alemão, foi condenado à morte por sua atividade revolucionária. Emigrou para os Estados Unidos em 1852, onde passou a militar no movimento operário. Fundou o Clube dos Comunistas de Nova York e o Partido Trabalhista Socialista da América. 153-8

Steuart, Sir James (1712-1780) – economista escocês, um dos últimos defensores do mercantilismo, adversário da teoria quantitativa do dinheiro.

Swinton, John (1829-1901) – jornalista escocês-americano, editor de jornal e orador. Embora tenha sido redator chefe do *The New York Times* durante a década de 1860, é comumente lembrado pelo *John Swinton's Paper*, um dos mais proeminentes jornais trabalhistas estadunidenses nos anos 1880. 154

Theisz, Albert Frédéric Félix (1839-1881) – operário, sindicalista e político francês, participou da Primeira Internacional. Teve também grande destaque na Comuna de Paris e, após sua queda, refugiou-se em Londres, onde conheceu Karl Marx. 156

Ure, Andrew (1778-1857) – químico e economista inglês, adepto do livre-comércio. 127

Wayland, Francis (1796-1865) – pastor batista, educador e economista estadunidense. Foi presidente da Brown University. 72-3

CRONOLOGIA RESUMIDA DE MARX E ENGELS

	Karl Marx	Friedrich Engels	Fatos históricos
1818	Em Trier (capital da província alemã do Reno), nasce Karl Marx (5 de maio), o segundo de oito filhos de Heinrich Marx e Enriqueta Pressburg. Trier na época era influenciada pelo liberalismo revolucionário francês e pela reação ao Antigo Regime, vinda da Prússia.		Simón Bolívar declara a Venezuela independente da Espanha.
1820		Nasce Friedrich Engels (28 de novembro), primeiro dos oito filhos de Friedrich Engels e Elizabeth Franziska Mauritia van Haar, em Barmen, Alemanha. Cresce no seio de uma família de industriais religiosa e conservadora.	George IV se torna rei da Inglaterra, pondo fim à Regência. Insurreição constitucionalista em Portugal.
1824	O pai de Marx, nascido Hirschel, advogado e conselheiro de Justiça, é obrigado a abandonar o judaísmo por motivos profissionais e políticos (os judeus estavam proibidos de ocupar cargos públicos na Renânia). Marx entra para o Ginásio de Trier (outubro).		Simón Bolívar se torna chefe do Executivo do Peru.
1830	Inicia seus estudos no Liceu Friedrich Wilhelm, em Trier.		Estouram revoluções em diversos países europeus. A população de Paris insurge-se contra a promulgação de leis que dissolvem a Câmara e suprimem a liberdade de imprensa. Luís Filipe assume o poder.
1831			Em 14 de novembro, morre Hegel.

Karl Marx – Capítulo VI (inédito)

	Karl Marx	Friedrich Engels	Fatos históricos
1834		Engels ingressa, em outubro, no Ginásio de Elberfeld.	A escravidão é abolida no Império Britânico. Insurreição operária em Lyon.
1835	Escreve "Reflexões de um jovem perante a escolha de sua profissão". Presta exame final de bacharelado em Trier (24 de setembro). Inscreve-se na Universidade de Bonn.		Revolução Farroupilha, no Brasil. O Congresso alemão faz moção contra o movimento de escritores Jovem Alemanha.
1836	Estuda Direito na Universidade de Bonn. Participa do Clube de Poetas e de associações estudantis. No verão, fica noivo em segredo de Jenny von Westphalen, sua vizinha em Trier. Em razão da oposição entre as famílias, casar-se-iam apenas sete anos depois. Matricula-se na Universidade de Berlim.	Na juventude, fica impressionado com a miséria em que vivem os trabalhadores das fábricas de sua família. Escreve "Poema".	Fracassa o golpe de Luís Napoleão em Estrasburgo. Criação da Liga dos Justos.
1837	Transfere-se para a Universidade de Berlim e estuda com mestres como Gans e Savigny. Escreve "Canções selvagens" e "Transformações". Em carta ao pai, descreve sua relação contraditória com o hegelianismo, doutrina predominante na época.	Por insistência do pai, Engels deixa o ginásio e começa a trabalhar nos negócios da família. Escreve "História de um pirata".	A rainha Vitória assume o trono na Inglaterra.
1838	Entra para o Clube dos Doutores, encabeçado por Bruno Bauer. Perde o interesse pelo Direito e entrega-se com paixão ao estudo da Filosofia, o que lhe compromete a saúde. Morre seu pai.	Estuda comércio em Bremen. Começa a escrever ensaios literários e sociopolíticos, poemas e panfletos filosóficos em periódicos como o *Hamburg Journal* e o *Telegraph für Deutschland*, entre eles o poema "O beduíno" (setembro), sobre o espírito da liberdade.	Richard Cobden funda a Anti-Corn-Law-League, na Inglaterra. Proclamação da Carta do Povo, que originou o cartismo.
1839		Escreve o primeiro trabalho de envergadura, "Briefe aus dem Wuppertal" [Cartas de Wuppertal], sobre a vida operária em Barmen e na vizinha Elberfeld (*Telegraph für Deutschland*, primavera). Outros viriam, como "Literatura popular alemã", "Karl Beck" e "Memorabilia de Immermann". Estuda a filosofia de Hegel.	Feuerbach publica *Zur Kritik der Hegelschen Philosophie* [Crítica da filosofia hegeliana]. Primeira proibição do trabalho de menores na Prússia. Auguste Blanqui lidera o frustrado levante de maio, na França.
1840	K. F. Koeppen dedica a Marx seu estudo "Friedrich der Grosse und seine Widersacher" [Frederico, o Grande, e seus adversários].	Engels publica "Réquiem para o Aldeszeitung alemão" (abril), "Vida literária moderna", no *Mitternachtzeitung* (março-maio) e "Cidade natal de Siegfried" (dezembro).	Proudhon publica *O que é a propriedade?* [Qu'est-ce que la propriété?].

Cronologia resumida de Marx e Engels

Karl Marx	Friedrich Engels	Fatos históricos
1841 Com uma tese sobre as diferenças entre as filosofias de Demócrito e Epicuro, Marx recebe em lena o título de doutor em Filosofia (15 de abril). Volta a Trier. Bruno Bauer, acusado de ateísmo, é expulso da cátedra de Teologia da Universidade de Bonn e, com isso, Marx perde a oportunidade de atuar como docente nessa universidade.	Publica "Ernst Moritz Arndt". Seu pai o obriga a deixar a escola de comércio para dirigir os negócios da família. Engels prosseguiria sozinho seus estudos de filosofia, religião, literatura e política. Presta o serviço militar em Berlim por um ano. Frequenta a Universidade de Berlim como ouvinte e conhece os jovens hegelianos. Critica intensamente o conservadorismo na figura de Schelling, com os escritos "Schelling sobre Hegel", "Schelling e a revelação" e "Schelling, filósofo em Cristo".	Feuerbach traz a público *A essência do cristianismo* [*Das Wesen des Christentums*]. Primeira lei trabalhista na França.
1842 Elabora seus primeiros trabalhos como publicista. Começa a colaborar com o jornal *Rheinische Zeitung* [Gazeta Renana], publicação da burguesia em Colônia, do qual mais tarde seria redator. Conhece Engels, que na ocasião visitava o jornal.	Em Manchester, assume a fiação do pai, a Ermen & Engels. Conhece Mary Burns, jovem trabalhadora irlandesa, que viveria com ele até a morte dela. Mary e a irmã Lizzie mostram a Engels as dificuldades da vida operária, e ele inicia estudos sobre os efeitos do capitalismo no operariado inglês. Publica artigos no *Rheinische Zeitung*, entre eles "Crítica às leis de imprensa prussianas" e "Centralização e liberdade".	Eugène Sue publica *Os mistérios de Paris*. Feuerbach publica *Vorläufige Thesen zur Reform der Philosophie* [Teses provisórias para uma reforma da filosofia]. O Ashley's Act proíbe o trabalho de menores e mulheres em minas na Inglaterra.
1843 Sob o regime prussiano, é fechado o *Rheinische Zeitung*. Marx casa-se com Jenny von Westphalen. Recusa convite do governo prussiano para ser redator no diário oficial. Passa a lua de mel em Kreuznach, onde se dedica ao estudo de diversos autores, com destaque para Hegel. Redige os manuscritos que viriam a ser conhecidos como *Crítica da filosofia do direito de Hegel* [*Zur Kritik der Hegelschen Rechtsphilosophie*]. Em outubro vai a Paris, onde Moses Hess e George Herwegh o apresentam às sociedades secretas socialistas e comunistas e às associações operárias alemãs. Conclui *Sobre a questão judaica* [*Zur Judenfrage*]. Substitui Arnold Ruge na direção dos *Deutsch-Französische Jahrbücher* [Anais Franco-Alemães]. Em dezembro inicia grande amizade com Heinrich Heine e conclui sua "Crítica da filosofia do direito de Hegel – Introdução" [Zur Kritik der Hegelschen Rechtsphilosophie – Einleitung].	Engels escreve, com Edgar Bauer, o poema satírico "Como a Bíblia escapa milagrosamente a um atentado impudente, ou o triunfo da fé", contra o obscurantismo religioso. O jornal *Schweuzerisher Republicaner* publica suas "Cartas de Londres". Em Bradford, conhece o poeta G. Weerth. Começa a escrever para a imprensa cartista. Mantém contato com a Liga dos Justos. Ao longo desse período, suas cartas à irmã favorita, Marie, revelam seu amor pela natureza e por música, livros, pintura, viagens, esporte, vinho, cerveja e tabaco.	Feuerbach publica *Grundsätze der Philosophie der Zukunft* [Princípios da filosofia do futuro].

Karl Marx – Capítulo VI (inédito)

Karl Marx	Friedrich Engels	Fatos históricos
1844 Em colaboração com Arnold Ruge, elabora e publica o primeiro e único volume dos *Deutsch-Französische Jahrbücher*, no qual participa com dois artigos: "A questão judaica" e "Introdução a uma crítica da filosofia do direito de Hegel". Escreve os *Manuscritos econômico-filosóficos* [*Ökonomisch-philosophische Manuskripte*]. Colabora com o *Vorwärts!* [Avante!], órgão de imprensa dos operários alemães na emigração. Conhece a Liga dos Justos, fundada por Weitling. Amigo de Heine, Leroux, Blanqui, Proudhon e Bakunin, inicia em Paris estreita amizade com Engels. Nasce Jenny, primeira filha de Marx. Rompe com Ruge e desliga-se dos *Deutsch-Französische Jahrbücher*. O governo decreta a prisão de Marx, Ruge, Heine e Bernays pela colaboração nos *Deutsch--Französische Jahrbücher*. Encontra Engels em Paris e em dez dias planejam seu primeiro trabalho juntos, *A sagrada família* [*Die heilige Familie*]. Marx publica no *Vorwärts!* artigo sobre a greve na Silésia.	Em fevereiro, Engels publica "Esboço para uma crítica da economia política" [Umrisse zu einer Kritik der Nationalökonomie], texto que influenciou profundamente Marx. Segue à frente dos negócios do pai, escreve para os *Deutsch--Französische Jahrbücher* e colabora com o jornal *Vorwärts!*. Deixa Manchester. Em Paris, torna-se amigo de Marx, com quem desenvolve atividades militantes, o que os leva a criar laços cada vez mais profundos com as organizações de trabalhadores de Paris e Bruxelas. Vai para Barmen.	O Graham's Factory Act regula o horário de trabalho para menores e mulheres na Inglaterra. Fundado o primeiro sindicato operário na Alemanha. Insurreição de operários têxteis na Silésia e na Boêmia.
1845 Por causa do artigo sobre a greve na Silésia, a pedido do governo prussiano Marx é expulso da França, juntamente com Bakunin, Bürgers e Bornstedt. Muda-se para Bruxelas e, em colaboração com Engels, escreve e publica em Frankfurt *A sagrada família*. Ambos começam a escrever *A ideologia alemã* [*Die deutsche Ideologie*], e Marx elabora "As teses sobre Feuerbach" [*Thesen über Feuerbach*]. Em setembro, nasce Laura, segunda filha de Marx e Jenny. Em dezembro, ele renuncia à nacionalidade prussiana.	As observações de Engels sobre a classe trabalhadora de Manchester, feitas anos antes, formam a base de uma de suas obras principais, *A situação da classe trabalhadora na Inglaterra* [*Die Lage der arbeitenden Klasse in England*] (publicada primeiramente em alemão; a edição seria traduzida para o inglês 40 anos mais tarde). Em Barmen, organiza debates sobre as ideias comunistas com Hess e profere os "Discursos de Elberfeld". Em abril sai de Barmen e encontra Marx em Bruxelas. Juntos, estudam economia e fazem uma breve visita a Manchester (julho e agosto), onde percorrem alguns jornais locais, como o *Manchester Guardian* e o *Volunteer Journal for Lancashire and Cheshire*. É lançada *A situação da classe trabalhadora na Inglaterra*, em Leipzig. Começa sua vida em comum com Mary Burns.	Criada a organização internacionalista Democratas Fraternais, em Londres. Richard M. Hoe registra a patente da primeira prensa rotativa moderna.
1846 Marx e Engels organizam em Bruxelas o primeiro Comitê de Correspondência da Liga dos Justos,	Seguindo instruções do Comitê de Bruxelas, Engels estabelece estreitos contatos com socialistas e	Os Estados Unidos declaram guerra ao México. Rebelião

Cronologia resumida de Marx e Engels

Karl Marx

uma rede de correspondentes comunistas em diversos países, a qual Proudhon se nega a integrar. Em carta a Annenkov, Marx critica o recém-publicado *Sistema das contradições econômicas ou Filosofia da miséria* [*Système des contradictions économiques ou Philosophie de la misère*], de Proudhon. Redige com Engels a *Zirkular gegen Kriege* [Circular contra Kriege], crítica a um alemão emigrado dono de um periódico socialista em Nova York. Por falta de editor, Marx e Engels desistem de publicar *A ideologia alemã* (a obra só seria publicada em 1932, na União Soviética). Em dezembro, nasce Edgar, o terceiro filho de Marx.

1847 Filia-se à Liga dos Justos, em seguida nomeada Liga dos Comunistas. Realiza-se o primeiro congresso da associação em Londres (junho), ocasião em que se encomenda a Marx e Engels um manifesto dos comunistas. Eles participam do congresso de trabalhadores alemães em Bruxelas e, juntos, fundam a Associação Operária Alemã de Bruxelas. Marx é eleito vice-presidente da Associação Democrática. Conclui e publica a edição francesa de *Miséria da filosofia* [*Misère de la philosophie*] (Bruxelas, julho).

1848 Marx discursa sobre o livre-cambismo numa das reuniões da Associação Democrática. Com Engels publica, em Londres (fevereiro), o *Manifesto Comunista*. O governo revolucionário francês, por meio de Ferdinand Flocon, convida Marx a morar em Paris após o governo belga expulsá-lo de Bruxelas. Redige com Engels "Reivindicações do Partido Comunista da Alemanha" [Forderungen der Kommunistischen Partei in Deutschland] e organiza o regresso dos membros alemães da Liga dos Comunistas à pátria. Com sua família e com Engels, muda-se em fins de maio para Colônia, onde ambos fundam o jornal *Neue Rheinische Zeitung* [Nova Gazeta Renana], cuja primeira edição é

Friedrich Engels

comunistas franceses. No outono, ele se desloca para Paris com a incumbência de estabelecer novos comitês de correspondência. Participa de um encontro de trabalhadores alemães em Paris, propagando ideias comunistas e discorrendo sobre a utopia de Proudhon e o socialismo real de Karl Grün.

Engels viaja a Londres e participa com Marx do I Congresso da Liga dos Justos. Publica "Princípios do comunismo" [Grundsätze des Kommunismus], uma "versão preliminar" do *Manifesto Comunista* [*Manifest der Kommunistischen Partei*]. Em Bruxelas, com Marx, participa da reunião da Associação Democrática, voltando em seguida a Paris para mais uma série de encontros. Depois de atividades em Londres, volta a Bruxelas e escreve, com Marx, o *Manifesto Comunista*.

Expulso da França por suas atividades políticas, chega a Bruxelas no fim de janeiro. Juntamente com Marx, toma parte na insurreição alemã, de cuja derrota falaria quatro anos depois em *Revolução e contrarrevolução na Alemanha* [*Revolution und Konterevolution in Deutschland*]. Engels exerce o cargo de editor do *Neue Rheinische Zeitung*, recém-criado por ele e Marx. Participa, em setembro, do Comitê de Segurança Pública criado para rechaçar a contrarrevolução, durante grande ato popular promovido pelo *Neue Rheinische Zeitung*. O periódico sofre suspensões, mas prossegue ativo. Procurado pela polícia, tenta se exilar na Bélgica, onde é preso e

Fatos históricos

polonesa em Cracóvia. Crise alimentar na Europa. Abolidas, na Inglaterra, as "leis dos cereais".

A Polônia torna-se província russa. Guerra civil na Suíça. Realiza-se em Londres o II Congresso da Liga dos Comunistas (novembro).

Definida, na Inglaterra, a jornada de dez horas para menores e mulheres na indústria têxtil. Criada a Associação Operária, em Berlim. Fim da escravidão na Áustria. Abolição da escravidão nas colônias francesas. Barricadas em Paris: eclode a revolução; o rei Luís Filipe abdica e a República é proclamada. A revolução se alastra pela Europa. Em junho, Blanqui lidera novas insurreições

Karl Marx – Capítulo VI (inédito)

Karl Marx	Friedrich Engels	Fatos históricos
publicada em 1º de junho, com o subtítulo *Organ der Demokratie*. Marx começa a dirigir a Associação Operária de Colônia e acusa a burguesia alemã de traição. Proclama o terrorismo revolucionário como único meio de amenizar "as dores de parto" da nova sociedade. Conclama ao boicote fiscal e à resistência armada.	depois expulso. Muda-se para a Suíça.	operárias em Paris, brutalmente reprimidas pelo general Cavaignac. Decretado estado de sítio em Colônia em reação a protestos populares. O movimento revolucionário reflui.
1849 Marx e Engels são absolvidos em processo por participação nos distúrbios de Colônia (ataques a autoridades publicados no *Neue Rheinische Zeitung*). Ambos defendem a liberdade de imprensa na Alemanha. Marx é convidado a deixar o país, mas ainda publicaria "Trabalho assalariado e capital" [Lohnarbeit und Kapital]. O periódico, em difícil situação, é extinto (maio). Marx, em condição financeira precária (vende os próprios móveis para pagar as dívidas), tenta voltar a Paris, mas, impedido de ficar, é obrigado a deixar a cidade em 24 horas. Graças a uma campanha de arrecadação de fundos promovida por Ferdinand Lassalle na Alemanha, Marx se estabelece com a família em Londres, onde nasce Guido, seu quarto filho (novembro).	Em janeiro, Engels retorna a Colônia. Em maio, toma parte militarmente na resistência à reação. À frente de um batalhão de operários, entra em Elberfeld, motivo pelo qual sofre sanções legais por parte das autoridades prussianas, enquanto Marx é convidado a deixar o país. É publicado o último número do *Neue Rheinische Zeitung*. Marx e Engels vão para o sudoeste da Alemanha, onde Engels envolve-se no levante de Baden-Palatinado, antes de seguir para Londres.	Proudhon publica *Les confessions d'un révolutionnaire* [As confissões de um revolucionário]. A Hungria proclama sua independência da Áustria. Após período de refluxo, reorganiza-se no fim do ano, em Londres, o Comitê Central da Liga dos Comunistas, com a participação de Marx e Engels.
1850 Ainda em dificuldades financeiras, organiza a ajuda aos emigrados alemães. A Liga dos Comunistas reorganiza as sessões locais e é fundada a Sociedade Universal dos Comunistas Revolucionários, cuja liderança logo se fraciona. Edita em Londres a *Neue Rheinische Zeitung* [Nova Gazeta Renana], revista de economia política, bem como *Lutas de classe na França* [*Die Klassenkämpfe in Frankreich*]. Morre o filho Guido.	Publica *A guerra dos camponeses na Alemanha* [*Der deutsche Bauernkrieg*]. Em novembro, retorna a Manchester, onde viverá por vinte anos, e às suas atividades na Ermen & Engels; o êxito nos negócios possibilita ajudas financeiras a Marx.	Abolição do sufrágio universal na França.
1851 Continua em dificuldades, mas, graças ao êxito dos negócios de Engels em Manchester, conta com ajuda financeira. Dedica-se intensamente aos estudos de economia na biblioteca do Museu Britânico. Aceita o convite de trabalho do *New York Daily Tribune*, mas é Engels quem envia os primeiros textos, intitulados	Engels, ao lado de Marx, começa a colaborar com o Movimento Cartista [Chartist Movement]. Estuda língua, história e literatura eslava e russa.	Na França, golpe de Estado de Luís Bonaparte. Realização da primeira Exposição Universal, em Londres.

166

Cronologia resumida de Marx e Engels

Karl Marx	Friedrich Engels	Fatos históricos
"Contrarrevolução na Alemanha", publicados sob a assinatura de Marx. Hermann Becker publica em Colônia o primeiro e único tomo dos *Ensaios escolhidos de Marx*. Nasce Francisca (28 de março), a quinta de seus filhos.		
1852 Envia ao periódico *Die Revolution*, de Nova York, uma série de artigos sobre *O 18 de brumário de Luís Bonaparte* [*Der achtzehnte Brumaire des Louis Bonaparte*]. Sua proposta de dissolução da Liga dos Comunistas é acolhida. A difícil situação financeira é amenizada com o trabalho para o *New York Daily Tribune*. Morre a filha Francisca, nascida um ano antes.	Publica *Revolução e contrarrevolução na Alemanha* [*Revolution und Konterevolution in Deutschland*]. Com Marx, elabora o panfleto *O grande homem do exílio* [*Die grossen Männer des Exils*] e uma obra, hoje desaparecida, chamada *Os grandes homens oficiais da Emigração*; nela, atacam os dirigentes burgueses da emigração em Londres e defendem os revolucionários de 1848-1849. Expõem, em cartas e artigos conjuntos, os planos do governo, da polícia e do judiciário prussianos, textos que teriam grande repercussão.	Luís Bonaparte é proclamado imperador da França, com o título de Napoleão Bonaparte III.
1853 Marx escreve, tanto para o *New York Daily Tribune* quanto para o *People's Paper*, inúmeros artigos sobre temas da época. Sua precária saúde o impede de voltar aos estudos econômicos interrompidos no ano anterior, o que faria somente em 1857. Retoma a correspondência com Lassalle.	Escreve artigos para o *New York Daily Tribune*. Estuda persa e a história dos países orientais. Publica, com Marx, artigos sobre a Guerra da Crimeia.	A Prússia proíbe o trabalho para menores de 12 anos.
1854 Continua colaborando com o *New York Daily Tribune*, dessa vez com artigos sobre a revolução espanhola.		
1855 Começa a escrever para o *Neue Oder Zeitung*, de Breslau, e segue como colaborador do *New York Daily Tribune*. Em 16 de janeiro, nasce Eleanor, sua sexta filha, e em 6 de abril morre Edgar, o terceiro.	Escreve uma série de artigos para o periódico *Putman*.	Morte de Nicolau I, na Rússia, e ascensão do czar Alexandre II.
1856 Ganha a vida redigindo artigos para jornais. Discursa sobre o progresso técnico e a revolução proletária em uma festa do *People's Paper*. Estuda a história e a civilização dos povos eslavos. A esposa Jenny recebe uma herança da mãe, o que permite que a família se mude para um apartamento mais confortável.	Acompanhado da mulher, Mary Burns, Engels visita a terra natal dela, a Irlanda.	Morrem Max Stirner e Heinrich Heine. Guerra franco-inglesa contra a China.
1857 Retoma os estudos sobre economia política, por considerar iminente uma nova crise econômica europeia.	Adoece gravemente em maio. Analisa a situação no Oriente Médio, estuda a questão eslava e	O divórcio, sem necessidade de aprovação

Karl Marx – Capítulo VI (inédito)

Karl Marx

Fica no Museu Britânico das nove da manhã às sete da noite e trabalha madrugada adentro. Só descansa quando adoece e aos domingos, nos passeios com a família em Hampstead. O médico o proíbe de trabalhar à noite. Começa a redigir os manuscritos que viriam a ser conhecidos como *Grundrisse der Kritik der Politischen Ökonomie* [Esboços de uma crítica da economia política], e que servirão de base à obra *Para a crítica da economia política* [*Zur Kritik der Politischen Ökonomie*]. Escreve a célebre *Introdução de 1857*. Continua a colaborar no *New York Daily Tribune*. Escreve artigos sobre Jean-Baptiste Bernadotte, Simón Bolívar, Gebhard Blücher e outros na *New American Encyclopaedia* [Nova Enciclopédia Americana]. Atravessa um novo período de dificuldades financeiras e tem um novo filho, natimorto.

Friedrich Engels

aprofunda suas reflexões sobre temas militares. Sua contribuição para a *New American Encyclopaedia* [Nova Enciclopédia Americana], versando sobre as guerras, faz de Engels um continuador de Von Clausewitz e um precursor de Lenin e Mao Tsé-Tung. Continua trocando cartas com Marx, discorrendo sobre a crise na Europa e nos Estados Unidos.

Fatos históricos

parlamentar, se torna legal na Inglaterra.

1858 O *New York Daily Tribune* deixa de publicar alguns de seus artigos. Marx dedica-se à leitura de *Ciência da lógica* [*Wissenschaft der Logik*] de Hegel. Agravam-se os problemas de saúde e a penúria.

Engels dedica-se ao estudo das ciências naturais.

Morre Robert Owen.

1859 Publica em Berlim *Para a crítica da economia política*. A obra só não fora publicada antes porque não havia dinheiro para postar o original. Marx comentaria: "Seguramente é a primeira vez que alguém escreve sobre o dinheiro com tanta falta dele". O livro, muito esperado, foi um fracasso. Nem seus companheiros mais entusiastas, como Liebknecht e Lassalle, o compreenderam. Escreve mais artigos no *New York Daily Tribune*. Começa a colaborar com o periódico londrino *Das Volk*, contra o grupo de Edgar Bauer. Marx polemiza com Karl Vogt (a quem acusa de ser subsidiado pelo bonapartismo), Blind e Freiligrath.

Faz uma análise, com Marx, da teoria revolucionária e suas táticas, publicada em coluna do *Das Volk*. Escreve o artigo "Po und Rhein" [Pó e Reno], em que analisa o bonapartismo e as lutas liberais na Alemanha e na Itália. Enquanto isso, estuda gótico e inglês arcaico. Em dezembro, lê o recém--publicado *A origem das espécies* [*The Origin of Species*], de Darwin.

A França declara guerra à Áustria.

1860 Vogt começa uma série de calúnias contra Marx, e as querelas chegam aos tribunais de Berlim e Londres. Marx escreve "Herr Vogt" [Senhor Vogt].

Engels vai a Barmen para o sepultamento de seu pai (20 de março). Publica a brochura *Savoia, Nice e o Reno* [*Savoyen, Nizza und der Rhein*], polemizando com

Giuseppe Garibaldi toma Palermo e Nápoles.

Cronologia resumida de Marx e Engels

Karl Marx	Friedrich Engels	Fatos históricos
	Lassalle. Continua escrevendo para vários periódicos, entre eles o *Allgemeine Militar Zeitung*. Contribui com artigos sobre o conflito de secessão nos Estados Unidos no *New York Daily Tribune* e no jornal liberal *Die Presse*.	
1861 Enfermo e depauperado, Marx vai à Holanda, onde o tio Lion Philiph concorda em adiantar-lhe uma quantia, por conta da herança de sua mãe. Volta a Berlim e projeta com Lassalle um novo periódico. Reencontra velhos amigos e visita a mãe em Trier. Não consegue recuperar a nacionalidade prussiana. Regressa a Londres e participa de uma ação em favor da libertação de Blanqui. Retoma seus trabalhos científicos e a colaboração com o *New York Daily Tribune* e o *Die Presse* de Viena.		Eclosão da Guerra Civil dos Estados Unidos. Abolição da servidão na Rússia.
1862 Trabalha o ano inteiro em sua obra científica e encontra-se várias vezes com Lassalle para discutirem seus projetos. Em suas cartas a Engels, desenvolve uma crítica à teoria ricardiana sobre a renda da terra. O *New York Daily Tribune*, justificando-se com a situação econômica interna norte-americana, dispensa os serviços de Marx, o que reduz ainda mais seus rendimentos. Viaja à Holanda e a Trier, e novas solicitações ao tio e à mãe são negadas. De volta a Londres, tenta um cargo de escrevente da ferrovia, mas é reprovado por causa da caligrafia.		Nos Estados Unidos, Lincoln decreta a abolição da escravatura. O escritor Victor Hugo publica *Les misérables* [Os miseráveis].
1863 Marx continua seus estudos no Museu Britânico e se dedica também à matemática. Começa a redação definitiva de *O capital* [*Das Kapital*] e participa de ações pela independência da Polônia. Morre sua mãe (novembro), deixando-lhe algum dinheiro como herança.	Morre, em Manchester, Mary Burns, companheira de Engels (6 de janeiro). Ele permaneceria morando com a cunhada Lizzie. Esboça, mas não conclui um texto sobre rebeliões camponesas.	
1864 Malgrado a saúde, continua a trabalhar em sua obra científica. É convidado a substituir Lassalle (morto em duelo) na Associação Geral dos Operários Alemães. O cargo, entretanto, é ocupado por Becker. Apresenta o projeto e o estatuto de uma Associação	Engels participa da fundação da Associação Internacional dos Trabalhadores, depois conhecida como a Primeira Internacional. Torna-se coproprietário da Ermen & Engels. No segundo semestre, contribui, com Marx, para o *Sozial-Demokrat*, periódico da	Dühring traz a público seu *Kapital und Arbeit* [Capital e trabalho]. Fundação, na Inglaterra, da Associação Internacional dos Trabalhadores.

Karl Marx – Capítulo VI (inédito)

	Karl Marx	Friedrich Engels	Fatos históricos
	Internacional dos Trabalhadores, durante encontro internacional no Saint Martin's Hall de Londres. Marx elabora o "Manifesto de Inauguração da Associação Internacional dos Trabalhadores".	social-democracia alemã que populariza as ideias da Internacional na Alemanha.	É reconhecido o direito a férias na França. Morre Wilhelm Wolff, amigo íntimo de Marx, a quem é dedicado *O capital*.
1865	Conclui a primeira redação de *O capital* e participa do Conselho Central da Internacional (setembro), em Londres. Marx escreve *Salário, preço e lucro* [*Lohn, Preis und Profit*]. Publica no *Sozial-Demokrat* uma biografia de Proudhon, morto recentemente. Conhece o socialista francês Paul Lafargue, seu futuro genro.	Recebe Marx em Manchester. Ambos rompem com Schweitzer, diretor do *Sozial-Demokrat*, por sua orientação lassalliana. Suas conversas sobre o movimento da classe trabalhadora na Alemanha resultam em um artigo para a imprensa. Engels publica "A questão militar na Prússia e o Partido Operário Alemão" [Die preussische Militärfrage und die deutsche Arbeiterpartei].	Assassinato de Lincoln. Proudhon publica *De la capacité politique des classes ouvrières* [A capacidade política das classes operárias]. Morre Proudhon.
1866	Apesar dos intermináveis problemas financeiros e de saúde, Marx conclui a redação do Livro I de *O capital*. Prepara a pauta do primeiro Congresso da Internacional e as teses do Conselho Central. Pronuncia discurso sobre a situação na Polônia.	Escreve a Marx sobre os trabalhadores emigrados da Alemanha e pede a intervenção do Conselho Geral da Internacional.	Na Bélgica, é reconhecido o direito de associação e a férias. Fome na Rússia.
1867	O editor Otto Meissner publica, em Hamburgo, o primeiro volume de *O capital*. Os problemas de Marx o impedem de prosseguir no projeto. Redige instruções para Wilhelm Liebknecht, recém-ingressado na Dieta prussiana como representante social-democrata.	Engels estreita relações com os revolucionários alemães, especialmente Liebknecht e Bebel. Envia carta de congratulações a Marx pela publicação do Livro I de *O capital*. Estuda as novas descobertas da química e escreve artigos e matérias sobre *O capital*, com fins de divulgação.	
1868	Piora o estado de saúde de Marx, e Engels continua ajudando-o financeiramente. Marx elabora estudos sobre as formas primitivas de propriedade comunal, em especial sobre o *mir* russo. Corresponde-se com o russo Danielson e lê Dühring. Bakunin se declara discípulo de Marx e funda a Aliança Internacional da Social-Democracia. Casamento da filha Laura com Lafargue.	Engels elabora uma sinopse do Livro I de *O capital*.	Em Bruxelas, acontece o Congresso da Associação Internacional dos Trabalhadores (setembro).
1869	Liebknecht e Bebel fundam o Partido Operário Social-Democrata alemão, de linha marxista. Marx, fugindo das polícias da Europa continental, passa a viver em Londres com a família, na mais absoluta miséria. Continua os trabalhos para o segundo livro de *O capital*.	Em Manchester, dissolve a empresa Ermen & Engels, que havia assumido após a morte do pai. Com um soldo anual de 350 libras, auxilia Marx e sua família. Mantém intensa correspondência com Marx. Começa a contribuir com o *Volksstaat*, o órgão de imprensa do	Fundação do Partido Social-Democrata alemão. Congresso da Primeira Internacional na Basileia, Suíça.

Cronologia resumida de Marx e Engels

Karl Marx	Friedrich Engels	Fatos históricos
Vai a Paris sob nome falso, onde permanece algum tempo na casa de Laura e Lafargue. Mais tarde, acompanhado da filha Jenny, visita Kugelmann em Hannover. Estuda russo e a história da Irlanda. Corresponde-se com De Paepe sobre o proudhonismo e concede uma entrevista ao sindicalista Haman sobre a importância da organização dos trabalhadores.	Partido Social-Democrata alemão. Escreve uma pequena biografia de Marx, publicada no *Die Zukunft* (julho). É lançada a primeira edição russa do *Manifesto Comunista*. Em setembro, acompanhado de Lizzie, Marx e Eleanor, visita a Irlanda.	
1870 Continua interessado na situação russa e em seu movimento revolucionário. Em Genebra, instala-se uma seção russa da Internacional, na qual se acentua a oposição entre Bakunin e Marx, que redige e distribui uma circular confidencial sobre as atividades dos bakunistas e sua aliança. Redige o primeiro comunicado da Internacional sobre a guerra franco-prussiana e exerce, a partir do Conselho Central, uma grande atividade em favor da República francesa. Por meio de Serrailler, envia instruções para os membros da Internacional presos em Paris. A filha Jenny colabora com Marx em artigos para *A Marselhesa* sobre a repressão dos irlandeses por policiais britânicos.	Engels escreve "História da Irlanda" [Die Geschichte Irlands]. Começa a colaborar com o periódico inglês *Pall Mall Gazette*, discorrendo sobre a guerra franco-prussiana. Deixa Manchester em setembro, acompanhado de Lizzie, e instala-se em Londres para promover a causa comunista. Lá, continua escrevendo para o *Pall Mall Gazette*, dessa vez sobre o desenvolvimento das oposições. É eleito por unanimidade para o Conselho Geral da Primeira Internacional. O contato com o mundo do trabalho permitiu a Engels analisar, em profundidade, as formas de desenvolvimento do modo de produção capitalista. Suas conclusões seriam utilizadas por Marx em *O capital*.	Na França, são presos membros da Internacional Comunista. Em 22 de abril, nasce Vladimir Lenin.
1871 Atua na Internacional em prol da Comuna de Paris. Instrui Frankel e Varlin e redige o folheto *Der Bürgerkrieg in Frankreich* [*A guerra civil na França*]. É violentamente atacado pela imprensa conservadora. Em setembro, durante a Internacional em Londres, é reeleito secretário da seção russa. Revisa o Livro I de *O capital* para a segunda edição alemã.	Prossegue suas atividades no Conselho Geral e atua junto à Comuna de Paris, que instaura um governo operário na capital francesa entre 26 de março e 28 de maio. Participa com Marx da Conferência de Londres da Internacional.	A Comuna de Paris, instaurada após a revolução vitoriosa do proletariado, é brutalmente reprimida pelo governo francês. Legalização das trade unions na Inglaterra.
1872 Acerta a primeira edição francesa de *O capital* e recebe exemplares da primeira edição russa, lançada em 27 de março. Participa dos preparativos do V Congresso da Internacional em Haia, quando se decide a transferência do Conselho Geral da organização para Nova York. Jenny, a filha mais velha, casa-se com o socialista Charles Longuet.	Redige com Marx uma circular confidencial sobre supostos conflitos internos da Internacional, envolvendo bakunistas na Suíça, intitulado *As pretensas cisões na Internacional* [*Die angeblichen Spaltungen in der Internationale*]. Ambos intervêm contra o lassalianismo na social-democracia alemã e escrevem um prefácio para a nova edição alemã do *Manifesto Comunista*. Engels participa do Congresso da Associação Internacional dos Trabalhadores.	Morrem Ludwig Feuerbach e Bruno Bauer. Bakunin é expulso da Internacional no Congresso de Haia.

Karl Marx – Capítulo VI (inédito)

Karl Marx	Friedrich Engels	Fatos históricos
1873 Impressa a segunda edição de *O capital* em Hamburgo. Marx envia exemplares a Darwin e Spencer. Por ordens de seu médico, é proibido de realizar qualquer tipo de trabalho.	Com Marx, escreve para periódicos italianos uma série de artigos sobre as teorias anarquistas e o movimento das classes trabalhadoras.	Morre Napoleão III. As tropas alemãs se retiram da França.
1874 É negada a Marx a cidadania inglesa, "por não ter sido fiel ao rei". Com a filha Eleanor, viaja a Karlsbad para tratar da saúde numa estação de águas.	Prepara a terceira edição de *A guerra dos camponeses alemães*.	Na França, são nomeados inspetores de fábricas e é proibido o trabalho em minas para mulheres e menores.
1875 Continua seus estudos sobre a Rússia. Redige observações ao Programa de Gotha, da social--democracia alemã.	Por iniciativa de Engels, é publicada *Crítica do Programa de Gotha* [*Kritik des Gothaer Programms*], de Marx.	Morre Moses Hess.
1876 Continua o estudo sobre as formas primitivas de propriedade na Rússia. Volta com Eleanor a Karlsbad para tratamento.	Elabora escritos contra Dühring, discorrendo sobre a teoria marxista, publicados inicialmente no *Vorwärts!* e transformados em livro posteriormente.	É fundado o Partido Socialista do Povo na Rússia. Crise na Primeira Internacional. Morre Bakunin.
1877 Marx participa de campanha na imprensa contra a política de Gladstone em relação à Rússia e trabalha no Livro II de *O capital*. Acometido novamente de insônias e transtornos nervosos, viaja com a esposa e a filha Eleanor para descansar em Neuenahr e na Floresta Negra.	Conta com a colaboração de Marx na redação final do *Anti--Dühring* [*Herrn Eugen Dühring's Umwälzung der Wissenschaft*]. O amigo colabora com o capítulo 10 da parte 2 ("Da história crítica"), discorrendo sobre a economia política.	A Rússia declara guerra à Turquia.
1878 Paralelamente ao Livro II de *O capital*, Marx trabalha na investigação sobre a comuna rural russa, complementada com estudos de geologia. Dedica-se também à *Questão do Oriente* e participa de campanha contra Bismarck e Lothar Bücher.	Publica o *Anti-Dühring* e, atendendo ao pedido de Wolhelm Bracke feito um ano antes, publica pequena biografia de Marx, intitulada *Karl Marx*. Morre Lizzie.	Otto von Bismarck proíbe o funcionamento do Partido Socialista na Prússia. Primeira grande onda de greves operárias na Rússia.
1879 Marx trabalha nos Livros II e III de *O capital*.		
1880 Elabora um projeto de pesquisa a ser executado pelo Partido Operário francês. Torna-se amigo de Hyndman. Ataca o oportunismo do periódico *Sozial-Demokrat* alemão, dirigido por Liebknecht. Escreve as "Randglossen zu Adolph Wagners Lehrbuch der politischen Ökonomie" [Glosas marginais ao tratado de economia política de Adolph Wagner]. Bebel, Bernstein e Singer visitam Marx em Londres.	Engels lança uma edição especial de três capítulos do *Anti-Dühring*, sob o título *Socialismo utópico e científico* [*Die Entwicklung des Socialismus Von der Utopie zur Wissenschaft*]. Marx escreve o prefácio do livro. Engels estabelece relações com Kautsky e conhece Bernstein.	Morre Arnold Ruge.

Cronologia resumida de Marx e Engels

	Karl Marx	Friedrich Engels	Fatos históricos
1881	Prossegue os contatos com os grupos revolucionários russos e mantém correspondência com Zasulitch, Danielson e Nieuwenhuis. Recebe a visita de Kautsky. Jenny, sua esposa, adoece. O casal vai a Argenteuil visitar a filha Jenny e Longuet. Morre Jenny Marx.	Enquanto prossegue em suas atividades políticas, estuda a história da Alemanha e prepara *Labor Standard*, um diário dos sindicatos ingleses. Escreve um obituário pela morte de Jenny Marx (8 de dezembro).	Fundação da Federation of Labor Unions nos Estados Unidos. Assassinato do czar Alexandre II.
1882	Continua as leituras sobre os problemas agrários da Rússia. Acometido de pleurisia, visita a filha Jenny em Argenteuil. Por prescrição médica, viaja pelo Mediterrâneo e pela Suíça. Lê sobre física e matemática.	Redige com Marx um novo prefácio para a edição russa do *Manifesto Comunista*.	Os ingleses bombardeiam Alexandria e ocupam o Egito e o Sudão.
1883	A filha Jenny morre em Paris (janeiro). Deprimido e muito enfermo, com problemas respiratórios, Marx morre em Londres, em 14 de março. É sepultado no Cemitério de Highgate.	Começa a esboçar *A dialética da natureza* [*Dialektik der Natur*], publicada postumamente em 1927. Escreve outro obituário, dessa vez para a filha de Marx, Jenny. No sepultamento de Marx, profere o que ficaria conhecido como *Discurso diante da sepultura de Marx* [*Das Begräbnis von Karl Marx*]. Após a morte do amigo, publica uma edição inglesa do Livro I de *O capital*; imediatamente depois, prefacia a terceira edição alemã da obra e já começa a preparar o Livro II.	Implantação dos seguros sociais na Alemanha. Fundação de um partido marxista na Rússia e da Sociedade Fabiana, que mais tarde daria origem ao Partido Trabalhista na Inglaterra. Crise econômica na França; forte queda na Bolsa.
1884		Publica *A origem da família, da propriedade privada e do Estado* [*Der Ursprung der Familie, des Privateigentum und des Staates*].	Fundação da Sociedade Fabiana de Londres.
1885		Editado por Engels, é publicado o Livro II de *O capital*.	
1887		Karl Kautsky conclui o artigo "O socialismo jurídico", resposta de Engels a um livro do jurista Anton Menger, e o publica sem assinatura na *Neue Zeit*.	
1889			Funda-se em Paris a II Internacional.
1894		Também editado por Engels, é publicado o Livro III de *O capital*. O mundo acadêmico ignorou a obra por muito tempo, embora os principais grupos políticos logo tenham começado a estudá-la. Engels publica os textos	O oficial francês de origem judaica Alfred Dreyfus, acusado de traição, é preso. Protestos antissemitas multiplicam-se nas principais cidades francesas.

Karl Marx – Capítulo VI (inédito)

Karl Marx	Friedrich Engels	Fatos históricos
	"Contribuição à história do cristianismo primitivo" [Zur Geschischte des Urchristentums] e "A questão camponesa na França e na Alemanha" [Die Bauernfrage in Frankreich und Deutschland].	
1895	Redige uma nova introdução para *As lutas de classes na França*. Após longo tratamento médico, Engels morre em Londres (5 de agosto). Suas cinzas são lançadas ao mar em Eastbourne. Dedicou-se até o fim da vida a completar e traduzir a obra de Marx, ofuscando a si próprio e a sua obra em favor do que ele considerava a causa mais importante.	Os sindicatos franceses fundam a Confederação Geral do Trabalho. Os irmãos Lumière fazem a primeira projeção pública do cinematógrafo.

Publicado em 2022, 155 anos após a primeira edição do Livro I de *O capital*, este volume foi composto em Palatino Linotype 10/12 e Optima 9,5/13 e impresso em papel Pólen Natural 80 g/m², na gráfica Rettec, para a Boitempo, com tiragem de 6 mil exemplares.